Ich verkündige euch
große Freude

Ich verkündige euch große Freude

Gesegnete Weihnachten

HERDER

FREIBURG · BASEL · WIEN

Weihnachtssonderband 2018

Herausgegeben von German Neundorfer

Mit Beiträgen von:

Hermann Bang
Wolfgang Borchert
Phil Bosmans
Hubertus Brantzen
Gernot Candolini
Peter Cornelius
Theodor Fontane
Papst Franziskus
Guido Fuchs
Johann Wolfgang von Goethe
Anselm Grün
Jochen Klepper
Georg Langenhorst
Martin Luther
Anthony de Mello
Ute Elisabeth Mordhorst
Susanne Niemeyer
Thomas Schwartz
Andrea Schwarz
Christa Spilling-Nöker
Pierre Stutz
Werner Thissen
Leo Tolstoi
Alexander Vorländer
Notker Wolf
Teresa Zukic

Vorwort

Manchmal geht uns die Fähigkeit verloren, die bedeutenden Momente zu erkennen, die sich in unserem Leben ereignen. Wir verlernen nicht nur, sie wahrzunehmen, zuweilen hat es sogar den Anschein, als setzten wir alles daran, sie vorsorglich zu verhindern. Und das geht ganz einfach. Im immer Gleichen des Alltags, im sich wiederholenden Ablauf der vielen tagtäglichen Routinen schleifen wir den Erlebnissen ihre Ecken und Kanten ab, damit alles besser laufen kann und nichts uns daran hindert, das zu erledigen, was zu erledigen ist. Nichts darf anecken, nichts darf den Ablauf stören, nichts darf hervorstechen. Und so gleicht ein Tag dem andern, und uns scheint das gar nicht zu stören.

Hin und wieder bricht dieser Alltag auf, hin und wieder wird er durch eine außergewöhnliche Zeit unterbrochen, die Kontraste in unser Leben bringt. Weihnachten ist eine solche Zeit der Kontraste. Auch wenn wir es im allgemeinen Weihnachtstrubel häufig nicht mitbekommen und viel eher glauben, dass Weihnachten die Routinen nur auf die Spitze treibt: Weihnachten gibt uns die Gelegenheit, den Alltag hinter uns zu lassen und einen anderen Blick aufs Leben zu gewinnen. Dem Dunkel auf der einen Seite steht das Licht auf der anderen gegenüber. Und dieser Kontrast steht im Gegensatz zu den vielen Grautönen unseres Alltags. An Weihnachten gewinnt das Leben Konturen, an Weihnachten bricht das Leben ins Leben.

In der Weihnachtsgeschichte wird das augenfällig. Die Szene ist unglaublich: Es ist dunkel, ein paar Hirten befinden sich mit ihrer Herde auf dem Weideplatz. Still ist es, und nichts deutet darauf hin, dass sich etwas Außergewöhnliches ereignen könnte. Doch genau das passiert: Plötzlich, mitten in der Nacht erscheint der Engel des Herrn, tritt hin zu den Hirten und spricht: „Fürchtet euch nicht! Denn ich verkünde euch eine große Freude." Und er bringt Licht und Freude in das Dunkel der Welt. Die Weihnachtszeit ist die Zeit der Erwartung und der Freude. Und der Funke der Freude kann in unser Leben dringen und es von innen her erleuchten.

Wann ist Ihnen zuletzt ein Engel begegnet?

Ich wünsche Ihnen, liebe Leserinnen und Leser, eine gesegnete Weihnacht!

German Neundorfer

Inhalt

»Vom Himmel hoch, da komm ich her« – Von der Menschwerdung Gottes

»Lasset uns sehen in Bethlehems Stall« – Vom Kind in der Krippe

»O fröhliche Zeit! O seliger Traum!« – Vom Weihnachtsfest

»Solch ein Fest ist uns bescheret« – Vom Essen und vom Trinken

»Wir wollen hoffen und vertraun« – Vom Beginn des neuen Jahres

Anhang

»Weiß sind Türme, Dächer, Zweige«

Vom Zauber des Advent

Noch ist Herbst nicht ganz entflohn,
Aber als Knecht Ruprecht schon
Kommt der Winter hergeschritten,
Und alsbald aus Schnees Mitten
Klingt des Schlittenglöckleins Ton.

Und was jüngst noch, fern und nah,
Bunt auf uns herniedersah,
Weiß sind Türme, Dächer, Zweige,
Und das Jahr geht auf die Neige,
Und das schönste Fest ist da.

Tag du der Geburt des Herrn,
Heute bist du uns noch fern,
Aber Tannen, Engel, Fahnen
Lassen uns den Tag schon ahnen,
Und wir sehen schon den Stern.

Theodor Fontane

Türen der Hoffnung

Hubertus Brantzen

Die Kinder sind schon lange erwachsen und aus dem Haus. Aber trotzdem: Ein Adventskalender muss sein. So mache ich mich auf, in den Geschäften aus den Angeboten einen solchen Kalender auszusuchen, hinter dessen Türen besondere Köstlichkeiten versteckt sind. Zugleich soll er aber auch ein Äußeres haben, das auf die Advents- und Weihnachtzeit einstimmt.

Die Suche gestaltet sich anstrengender, als ich gedacht habe. Die versteckten Pralinen scheinen alle von guter Qualität zu sein. Für 20 Euro und mehr kann man das auch erwarten. Doch die Kalendergestaltung bereitet mir Sorgen.

Da gibt es die Kalender mit Weihnachtsmännern: Einer verteilt, wie zu erwarten, Geschenke aus seinem Sack. Ein anderer, modern gestaltet, lungert ein wenig unmotiviert in einer Ecke. Strahlen tun sie alle. Doch diese geschäftstüchtigen Coca-Cola-Figuren kommen für mich nicht in Frage.

Dann finde ich Kalender, die grafisch besonders gestylt sind: Sterne und Lichterketten bedecken den Kalender; ein gezeichnetes Rentier huscht vorbei; andere Motive, deren Bezug zu Advent und Weihnachten ich nur ahnen kann, regen die Fantasie an.

Ganz absonderlich finde ich die Darstellung einer Bar, in der sich, so meine Überlegung, offenbar

Singles treffen, um ihre Einsamkeit durch Sekt am Tresen zu überwinden. Mir geht durch den Kopf, dass das wohl ein Motiv ist, das die Kalender-Designer mit geringer Variation das ganze Jahr über verwenden können, so wie manche Schokoladenhersteller inzwischen eine Form gefunden haben, die für Weihnachtsmänner und Osterhasen gleichermaßen passt. Die einheitliche Form braucht man dann nur mit einem anderen Papier ummanteln.

Schließlich bleibe ich vor einem traditionellen Adventskalenderbild stehen. À la anno dazumal sieht man eine weihnachtlich geschmückte Stadt. Menschen in Kleidern aus dem 19. Jahrhundert kaufen ihre Geschenke ein. Ein Händler bietet Christbäume feil und findet seine Käufer. Diesen Kalender erstehe ich. Denn ein Motiv mit dem Stall von Bethlehem zu finden, habe ich aufgegeben.

Warum mache ich mir so viel Arbeit, einen Adventskalender zu besorgen? Da sind einmal die Erinnerungen an die eigene Kindheit. Damals verbargen sich keine Süßigkeiten hinter den Türen, sondern nur ein gezeichneter Ball, ein Stern, ein Hirte, ein Schaf und unter der Nummer 24 das Kind in der Krippe. Unsere Kinder fanden dann hinter den Türen Gummibärchen und andere Süßigkeiten oder in christlich gestalteten Kalender wertvolle Lebensweisheiten. Wir heute sind gespannt, welche Pralinensorten sich hinter den Türen verstecken.

Immer aber geht es um die Spannung, was sich hinter der kleinen Türe verbirgt. Möglichst immer zur gleichen Tageszeit vollzieht sich dann ein Ritual: Erwartungsvoll treten wir an den Kalender heran, der feierlich an einer Wand aufgehängt ist. Wir suchen die Türnummer des Tages und machen uns an dem Türchen zu schaffen, bis wir es aufklappen können. Und dann sehen wir mit Freude, vielleicht sogar mit Staunen die kleine Herrlichkeit, nun nicht mehr verborgen. Und wenn wir die Köstlichkeit gefunden haben, wird sie aufgepackt, genüsslich in den Mund gesteckt und am besten mit geschlossenen Augen verkostet.

Dieses Ritual lässt mich durchspielen, was ich oft erlebe oder erhoffe. Ich durchschreite eine Tür und weiß nicht, was ich dahinter finden werde. Ich habe Hoffnungen, vielleicht sogar Sehnsucht, etwas Gutes und Wichtiges hinter einer Tür zu finden. Wenn ich die erste Tür des Tages öffne, hoffe ich, das glückliche Gesicht eines lieben Menschen zu entdecken. Wenn ich durch die Tür meines Büros gehe, hoffe ich auf einen guten Arbeitstag und gute Gespräche mit Kollegen. Wenn ich die Tür in einem Krankenhaus öffne, hoffe ich, dahinter das Lächeln eines Menschen zu sehen, der wieder gesund wird.

Und dennoch weiß ich nie, ob hinter der Tür sich das erfüllt, was ich erhoffe. Ich habe eben auch die Erfahrung gemacht, dass hinter den Türen ungemütliche Situationen, knurrige Menschen, Leid und Not lauern können.

So bin ich eingeladen, in diesem Advent eine zweite Tür zu öffnen: die Tür meiner Hoffnungen, die Tür, hinter der sich Überraschungen verstecken. Und da ich nicht beeinflussen kann, was hinter einer Tür auf mich wartet, fühlt sich das geheimnisvoll an.

Geheimnisse aber weisen immer über die sichtbare, fühlbare, hörbare Wirklichkeit hinaus. Sie enthalten einen Mehrwert an Leben. Als glaubender Mensch darf ich vermuten, dass Gott mit diesem Geheimnis zu tun hat.

Der Adventskalender

Ute Elisabeth Mordhorst

Jedes Jahr pünktlich zum 1. Dezember hatte er das Adventsdorf aufgebaut. Er hatte gewartet, bis sie schon schlafen gegangen war, und dann die Schreibplatte des Sekretärs, der im Flur stand, leise aufgeklappt und eine Lage weißen Watteschnees darauf ausgerollt. Vierundzwanzig kleine selbstgeschnitzte und bemalte Holzhäuser hatte er über die Schneelandschaft verteilt. Von ihrem Schlafzimmer aus hatte sie das dumpfe Aufsetzen der Holzhäuser auf dem antiken, wuchtigen Möbel gehört und gedacht: Rührend, wie vorsichtig er jedes Jahr dieses Kalenderdorf aufstellt, das er für sie gezimmert hatte. Von den Häuschen ließen sich die grün oder rot lackierten Dächer abheben und in jedem von ihnen brannte ein Licht, zumindest sah es so aus, als brannte ein Licht in jedem Haus. Er hatte mit hellem Goldlack

Fenster auf die Häuserwände gemalt, rechteckige hohe Sprossenfenster, und jedes Haus im Dorf leuchtete von innen und neben den Türen prangten große schwarze Ziffern, Hausnummern von eins bis vierundzwanzig. Und dann, unter den Dächern, im hohlen Inneren, verbarg sich die Tagesüberraschung, eine Weihnachtsschokolade, ein Zinnanhänger, eine Einladung zum Weihnachtsmarkt oder eine Tagesweisheit. *Der Ort der Wahrheit ist die Beziehung. Wenn dir Türen zugeschlagen werden, öffne andere.* Das war der letzte Sinnspruch gewesen. Ob er geahnt hatte, dass es der letzte sein würde?

Morgen war der zweite 1. Dezember ohne ihn. Die Häuschen standen verpackt in einem Karton auf dem Dachboden. Sie mochte sie nicht aufstellen. Das war sein Ritual gewesen. Sein jährliches Adventsgeschenk an sie. Seit zwei Jahren war das Dorf ausgestorben ohne ihn. Der Sekretär, das wuchtige alte Möbel auf dem langen, breiten Flur war ausgestorben, der Flur leuchtete nicht mehr. Sie fühlte sich selbst zum Teil ausgestorben, heimatlos in ihrer Geisterwohnung. Sie nahm sich vor, wieder Kontakte zu pflegen. Wieder nach außen zu gehen, nachdem sie sich zwei Jahre zurückgezogen, nach innen geschaut hatte. Aber ausgerechnet jetzt, in der Adventszeit? War das eine gute Zeit, um ihr Schneckentrauerhaus zu verlassen? Alle waren im Terminstress, beruflich wie privat. Sie stand im Flur, schaute von dem Sekretär, dessen Schreibplatte eingeklappt war, auf die Wand und überlegte. Nein, für diesen Adventskalender gab es keinen Ersatz. Brauchte sie überhaupt einen? Vielleicht, ja. Vielleicht, weil sie ein eigenes Ritual brauchte. Ein neues. Sie setzte sich an den Sekretär, stützte den Kopf in beide Hände und schloss die Augen.

Am nächsten Morgen war ihr Chef natürlich schon vor ihr im Büro. Sie konnte so früh anfangen, wie sie wollte, immer war er früher da als sie. Erster! Hase und Igel, dachte sie und versuchte es mit Humor: Hase und Igel, immer noch besser als Katz und Maus. Sie seufzte. Wie gern hätte sie ein paar Minuten für sich gehabt, zehn Minuten, um in Ruhe anzukommen. Aber mit diesem ruhe- und rastlosen Wolf ging das nicht. Wie oft hatte sie ihm gesagt, ich brauche wenigstens zehn Minuten, um mich zu organisieren. Keine Chance. Er, mit den Argusaugen und Hundeohren, würde wie immer, kaum, dass sie den Schlüssel ins Schloss gesteckt und die Tür zu ihrem Office aufgeschlossen, kaum dass sie das Fenster geöffnet hatte, bei ihr anrufen. »Frau Haase, guten Morgen, wie geht's? Hätten Sie kurz Zeit?« Sie würde sich ihre zehn Minuten nehmen, aber keine Minute mehr, denn dann würde das Telefon ein zweites Mal klingeln. Also würde sie vor dem zweiten Anruf in sein Büro kommen und ihn freundlich begrüßen, den Machtmenschen hinter seinem Schreibtisch, hinter seinen drei Laptops und zwei Smartphones. Er würde ihr einen Kaffee anbieten, kurzatmig im Schnelldurchgang die To-dos besprechen, zum ersten Termin hetzen. Sie schloss das

Fenster. Der Wandkalender zeigte noch November an. Sie blätterte die Seite um, verschneite Tannen an Schneelandschaft, 1. Dezember. Sie nahm einen Notizblock aus der Schublade, verließ ihr Büro und ging den Flur hinunter. Als sie vor der Tür ihres Vorgesetzten stand, zögerte sie auf einmal: *Wenn dir Türen zugeschlagen werden, öffne andere.*

1. Dezember. Sie sah sich in Gedanken eine große Eins auf die Tür ihres Chefs malen. Da war es ja. Direkt vor ihrer Nase. Das erste Adventstürchen. Mal sehen, was sich dahinter verbarg. Sie klopfte an, mit klopfendem Herzen. Ich lasse mich überraschen, dachte sie, ich versuche, alles zum ersten Mal zu sehen, mit Anfängeraugen. Sie öffnete die Tür mit ein bisschen zu viel Schwung und sah einen übergewichtigen Mann hinter einem großen Schreibtisch sitzen. Er hatte den Kopf gesenkt, sie sah auf sein dichtes schwarzes Haar. Er hob den Blick und sah sie gequält an, als habe er ein schlechtes Gewissen. Ihr Blick glitt über die Laptops und Smartphones und blieb an der Messingbürolampe hängen, an der … ein kleines schwarzes Stoffschäfchen baumelte wie eine Baumfrucht. Überraschung! Das Früchtchen hatte sie anscheinend bis jetzt übersehen. Es rührte sie. Es sah ihm ähnlich. Es sah ihm ähnlich, sich dieses Maskottchen hinzuhängen, das etwas verloren wirkte auf dem großen, beeindruckenden Schreibtisch. Zum ersten Mal fand sie, dass auch der Chef etwas verloren aussah hinter dem großen, beeindruckenden Schreibtisch, hinter dem großen, beeindru-

ckenden Namen, hinter dem großen, beeindruckenden Weltunternehmen. Sie schloss die Tür hinter sich. »Guten Morgen, Herr Professor Wolf«, sagte sie und deutete auf das schwarze Schäfchen und grinste. »Von Ihrer Frau?« Der Chef schaute überrascht auf. »Ein Gemeinschaftsgeschenk von meiner Frau und meiner Tochter«, brummte er und lächelte.

In den nächsten Wochen öffnete sie weitere dreiundzwanzig Türchen. Sie bemalte Türen in Gedanken mit Ziffern. Manchmal vorsätzlich, manchmal spontan. Sie öffnete die Türen wie zum ersten Mal und sie wurde überrascht. Hinter Tür Nr. 2, der Eingangstür zu ihrem Biobäcker, verbarg sich ein Gratis-Schokocroissant für sie, ein kleiner Trost dafür, dass ihre geliebten Marzipan-Croissants nicht vorrätig waren. Sie erfand Türen. Tür Nr. 11 war ein Anruf bei der ehemaligen Arbeitskollegin. Sie verwählte sich und das Gespräch mit einem »falsch verbundenen« Menschen erwies sich als ausgesprochen nett. Tür Nr. 19: das neue Buch, das sich als Entdeckung erwies. Tür Nr. 22: der Briefkasten, der statt der ersehnten Weihnachtspost eine Mahnung erhielt, mit der sie aber zu ihrer Überraschung gut umgehen konnte. Tür Nr. 23: das Portal der Kirche, in der sie lange nicht mehr gesessen hatte und in der sie einen geheimnisvollen Zettel fand.

Tür Nr. 24: der Zettel, den sie auf der Kirchenbank gefunden hatte. Sie entfaltete ihn an Heiligabend und las zu ihrer großen Überraschung:

Ich weiß deine Werke. Siehe, ich habe vor dir gegeben

eine offene Tür und niemand kann sie zuschließen; denn du hast eine kleine Kraft und hast mein Wort behalten und hast meinen Namen nicht verleugnet. Offenbarung 3,8

Sie ging ans Fenster und schaute auf die Straße. Es war ganz dunkel. Es schneite. Sie hatte den Weg aus dem Dorf gefunden in die Stadt. Das Dorf war nicht dem Vergessen gleichgemacht worden. Es war nicht von ihrer Landschaft verschwunden, aber jetzt lebte sie wieder in der Stadt, die heute aus allen Fenstern und Türen leuchtete.

Wege der Verwandlung

Anselm Grün

Ich gestehe mir ein, dass ich gierig bin. Viele sind nicht bereit, das vor sich selber zuzugeben. Sie meinen, sie müssten immer mehr Geld verdienen, um ihre Familie für die Zukunft abzusichern. Oder sie müssten permanent informiert sein, damit sie mitreden können in ihrem Beruf.

Aber erst wenn ich mir die Gier eingestanden habe, kann ich mit ihr ins Gespräch kommen. Was ist die tiefste Sehnsucht, die hinter meiner Gier steckt? Ist es nicht die Sehnsucht nach Leben, die Sehnsucht, alle Mangelerfahrungen meines Lebens auszugleichen? Gier macht ruhelos. Erst wenn ich die Sehnsucht dahinter herausfinde, finde ich auch zur Ruhe. Denn die Sehnsucht beruhigt das menschliche Herz, ohne dass es dabei starr und unbeweglich wird.

Wenn ich noch mehr Geld habe, wenn ich noch berühmter werde, wenn ich noch mehr Informationen bekomme, ist dann meine Sehnsucht wirklich gestillt? Wie geht es mir dann? Indem ich die Gier zulasse und zu Ende denke, kann ich meine wirkliche Sehnsucht hinter der Gier herausfinden.

Wenn ich in der Adventszeit mit meiner Sehnsucht in Berührung komme, dann kann ich mich verabschieden von Illusionen, die ich mir von meinem Leben gemacht habe. Sehnsucht hält mich davon ab, mein Leben mit Erwartungen zu überfordern und

Menschen mit meinen Wünschen zu erdrücken. Ich kann mich aussöhnen mit meinem Alltag, so wie er ist. Die Sehnsucht führt mich über diese Welt hinaus. Es gibt in mir etwas jenseits der Welt, etwas, über das die Welt keine Macht hat. Die Sehnsucht befreit mich daher vom Verhaftetsein an die Welt. Ich akzeptiere, dass kein Mensch mir meine tiefste Sehnsucht erfüllen kann. Aus einer solchen Haltung heraus kann ich dem Menschen in Freiheit begegnen, ohne ihn durch überhöhte Erwartungen in ein festes Bild zu pressen. Die Sehnsucht ermöglicht mir eine vorurteilslose Offenheit andern gegenüber. So kann ich die Begegnung und die Beziehung genießen, ohne ständig mehr haben zu wollen. Der andere verweist mich auf Gott, ohne für mich Gott sein zu müssen. Die Adventszeit kann zur Schule einer tiefen und echten Begegnung mit anderen werden.

Grenzenlose Freude

Christa Spilling-Nöker

Auf die Schnelle hatte die Mutter im Warenhaus noch kurz vor Ladenschluss einen Adventskalender erstanden. Wie preiswert der ist, ging es ihr durch den Kopf. Nachts stellte sie den Ständer, der in der Form einem Tannenbaum glich, vor Saras Tür auf und verteilte die vierundzwanzig kleinen, mit weihnachtlichen Motiven bunt dekorierten Schachteln darauf. Doch am nächsten Morgen stand die Kleine mit Tränen in den Augen am Frühstückstisch und hielt der Mutter ein leeres Kästchen hin. »Da ist ja gar nichts drin.« Na so etwas, dachte die Mutter, das muss ein Fehler vom Hersteller sein. Sie tröstete die Kleine mit einem Riegel Schokolade, dann wurde es Zeit, sie in der Kita abzugeben und selbst zur Arbeit zu fahren. Im Laufe des Tages vergaß sie das Malheur mit dem Adventskalender.

Doch am nächsten Morgen wiederholte sich die Szene vom Vortag. Wieder stand Sara mit einem leeren Schächtelchen vor ihr. Dieses Mal weinte sie herzergreifend. Erneut musste ein Schokoladenriegel für schnelle Tröstung sorgen. Geschwind packte die Mutter Schachteln und Ständer des Adventskalenders in eine große Tasche. In der Mittagspause eilte sie zum Kaufhaus, um sich zu beschweren. Die Verkäuferin sah sich den Adventskalender an und meinte: »Ja, das ist einer zum Befüllen«. »Wie, befüllen?«, fragte die Mutter verdutzt. »Sie müssen selbst kleine Geschenke aussuchen und in die Schachteln tun. Das steht aber auch auf der Verpackung drauf.« Die Stimme der Verkäuferin hatte einen leicht vorwurfsvollen Ton.

So etwas habe ich ja noch nie gehört, dachte die Mutter. Was sollte sie jetzt machen? Sie hatte noch dringende Geschäftstermine. Verärgert eilte sie zurück in ihr Büro. Doch der Adventskalender ging ihr nicht mehr aus dem Kopf. Den letzten Termin sagte sie ab. Sie hastete zurück ins Kaufhaus. Zuerst betrat sie die Spielwarenabteilung. Was könnte ihrer kleinen Tochter gefallen, das auch in eins der Schächtelchen passen würde? Anschließend sah sie sich sorgfältig bei Schreibwaren um; ein Bogen Abziehbilder und ein kleines Leporellobilderbuch wanderten in den Einkaufswagen. Schließlich ging sie in die Süßwarenabteilung. Auch hier wurde sie fündig. Als der Gong zum Ladenschluss ertönte, hatte sie vierundzwanzig wunderschöne kleine Geschenke zusammen, darunter eben auch zwei für die vergangenen beiden Tage.

Nachts baute sie den jetzt von ihr befüllten Adventskalender erneut vor dem Kinderzimmer auf. »Heute habe ich ein Püppchen«, juchzte die Kleine vor Freude. »Das nehme ich mit in die Kita. Da erzählen nämlich alle, was sie im Adventskalender hatten, was für ein Bild oder was für eine Schokoladenfigur oder was für ein Geschenk, und manche bringen das dann auch mit.« Wie bitter müssen da die ersten beiden Tage für Sara gewesen sein. Im Stillen schämte die Mutter sich. Wie wenig habe ich mich doch in der letzten Zeit wirklich um mein Kind gekümmert. Mein Herz war vor lauter geschäftlicher Beanspruchung so leer geworden wie die Kästchen des Adventskalenders.

Kaum in der Firma angekommen, bat sie um ein Gespräch mit ihrer Vorgesetzten. Die runzelte die Stirn, als sie sich das Anliegen der Mutter anhörte. »Das ist doch nicht wirklich Ihr Ernst, dass Sie nur noch zu 75 Prozent bei uns arbeiten wollen. Wir haben Sie hier jahrelang aufgebaut«, ereiferte sich die Vorgesetzte, um nach kurzer Zeit fortzufahren: »Das kostet Sie Ihre Karriere.« Die Mutter nickte. »Ich weiß«, sagte sie, »aber meine kleine Tochter ist mir jetzt wichtiger.« »Schade, schade«, murmelte die Chefin, »aber, wenn Sie es so wollen.« »Außerdem würde ich heute gern ein paar Überstunden abbummeln und schon um 16 Uhr Feierabend machen.« »Ja, dann gehen Sie.« Die Chefin schüttelte nur den Kopf. Die Mutter verließ das Büro ihrer Vorgesetzten mit einer ihr seit Langem nicht mehr bekannten heiteren Freude.

Sara konnte es kaum fassen, als die Mutter sie am Spätnachmittag warm anzog und meinte: »Jetzt gehen wir zusammen auf den Weihnachtsmarkt.« Als sie an den buntgeschmückten Buden vorbeizogen, fühlte sich die Mutter in den Zauber der adventlichen Tage ihrer eigenen Kindheit zurückversetzt. Sara staunte mit großen Augen über den Glanz, der ihr in Gestalten von Engeln, Sternen und allerlei anderem Christbaumschmuck entgegenleuchtete. So genossen beide den Bummel über den Markt auf ihre Art. Schließlich aßen sie eine Bratwurst, dann bekam die Kleine noch eine Zuckerwatte und einen Liebesapfel. Zuletzt hängte die Mutter dem Kind ein großes Lebkuchenherz um, auf dem stand in Zuckerschrift: »Für meinen Schatz«.

Wie habe ich nur all die Jahre gelebt? Immer nur Arbeit, Besprechungen, Geschäftstermine, ging es der Mutter durch den Kopf. Spaß und Zerstreuungen waren in ihrem Leben gar nicht mehr vorgekommen. Als sie wieder zu Hause waren, kochte sie Sara Kakao, zündete eine Kerze an und las ihr eine Geschichte vor. Dazu war sie schon seit Langem nicht mehr gekommen. Und als die Kleine am nächsten Morgen in ihrem Adventskalender einen kleinen Teddybären mit einem großen roten Herzen aus Filz auf der Brust vorfand, war ihre Freude grenzenlos.

Gruß aus der Küche

Andrea Schwarz

Vielleicht kennen Sie das aus guten Restaurants: »Amuse gueule«, der kleine Gruß aus der Küche. Ein kleines Appetithäppchen, ein bisschen Pastete, ein »Probiererle« von der Terrine. Liebevoll vom Koch komponiert, in keiner Speisekarte zu finden – um einfach Lust zu machen auf das Menü, das kommt.

Das ist Advent.

Advent will Lust machen auf das, was kommt. Er will ein erster Vorgeschmack sein, ohne schon etwas vorwegzunehmen. Er ist Verheißung – noch nicht die Erfüllung.

Advent heißt: Geschmack finden an dem, was uns zugesagt ist.

Advent muss nichts mit Verzichten zu tun haben – im Gegenteil. Es geht darum, Geschmack zu finden am Leben. Es geht darum, neu die Lust am Leben zu lernen.

Advent heißt: Lust auf das bekommen, was kommen wird – »Leben in Fülle«!

Und »leben« kann man dabei durchaus kleinschreiben – es geht eben nicht um eine Sache, sondern um ein Selbertun, ein Sein.

»Die Nacht ist vorgedrungen«

Vom Dunkel und vom Licht

Die Nacht ist vorgedrungen,
der Tag ist nicht mehr fern.
So sei nun Lob gesungen
dem hellen Morgenstern!
Auch wer zur Nacht geweinet,
der stimme froh mit ein.
Der Morgenstern bescheinet
auch deine Angst und Pein.

Jochen Klepper

Heilige Nacht

Anselm Grün

Heute können wir durch einen Knopfdruck die Nacht zum hellen Tag werden lassen. Aber dennoch steckt auch in uns noch die Angst vor der Dunkelheit der Nacht. Die Nacht ist heute zum Symbol geworden. Da sagt jemand, um ihn herum sei nur Nacht. Sein Leben sei ihm zusammengebrochen, alles sei sinnlos. Die Nacht steht für die Depression, in die Menschen immer wieder geraten. Auf einmal wird es dunkel in einem wie in einem Tunnel. Alles ist schwarz, leer, sinnlos. Man sieht kein Ende des Tunnels. Man fühlt sich wie gelähmt.

Gerade weil die Nacht etwas so Gefährliches und Bedrohliches ist, haben die Menschen seit jeher versucht, die Nächte in etwas Heiliges zu verwandeln. Schon die Mysterienkulte haben daher ihre Weihen in der Nacht gefeiert. Ostern wird in der Nacht gefeiert, da Christus die Dunkelheit des Grabes überwunden hat. Weihnacht hat ihren Namen von der »Geweihten Nacht«. Schon die Germanen kannten die geweihten, die heiligen Nächte. Für sie waren es die Mittwinternächte. Mitten im Winter, wenn die Nächte am längsten dauern, haben sie die Nacht den Göttern geweiht, haben sie sie heilig gemacht. In den zwölf Rauhnächten haben sie ihre Häuser und Höfe mit Amuletten, Räucherwerk und Beschwörungen zu schützen gesucht. Und sie haben die Götter gebeten, sie sollten die gefährlichen Nächte heilen, so dass sie nicht mehr Unglück bringen, sondern Heil, Glück, Gesundheit, Rettung. Das deutsche Wort »heilig« meint nicht nur heil und ganz, sondern geht vermutlich auf die Vorstellungsinhalte von »Zauber, günstiges Vorzeichen, Glück« zurück. Wenn man die Nächte weihte, wollte man sie verzaubern, dass sie Glück bringen.

Die Christen im germanischen Raum haben daher das Geheimnis der Geburt Christi mit dem bei ihren Vorfahren üblichen Wort der »Weihnacht« am besten auszudrücken vermocht. Wenn Christus mitten in der Nacht geboren wird, dann wird unsere Nacht wirklich verzaubert, dann wird sie zu einer glückbringenden Nacht, zu einer »Weihe-Nacht«. Weil die Kirche ihre Weihnachtsbotschaft bewusst in die Angst der Germanen vor den Rauhnächten hineingesprochen hat, hat sie die germanische Seele tief berührt. (...) Christus hat ihre Nacht verwandelt, da er als Licht die Nacht für immer erleuchtet.

Halte das Licht von Weihnachten bewusst in deine Nacht, in die Nacht deiner Depression, in die Nacht deiner Sinnlosigkeit, in die schlaflosen Nächte, da du dich nach dem Morgen sehnst. Und stelle dir vor, dass auch Deine Nacht zur Weihe-Nacht wird, zur geweihten Nacht, zur heiligen Nacht.

Sehnsucht nach Licht

Pierre Stutz

Das alljährlich wiederkehrende Weihnachtsfest behält die innere Bewegung, wenn wir nicht den ganzen Abend lang sitzen bleiben (was oft anstrengend ist!), sondern uns äußerlich und innerlich auf den Weg nach Bethlehem machen. Christus als innere Quelle, als fließenden Brunnen zu erleben wird sinnfällig, indem wir zu einem Brunnen gehen oder einem Teich, Bach oder Fluss und ein Teelicht oder eine Schwimmkerze ins Wasser legen – mit einem Wunsch, einem Dank, einer Bitte als Ausdruck unserer Sehnsucht.

Dieser Weihnachtsweg kann durch das Basteln einer Laterne oder von halben Nussschalen, gefüllt mit Wachs, die als Hoffnungsschiffe ins Wasser gelegt werden, vorbereitet werden. Gerade in schwierigen und spannungsreichen Stunden unseres Lebens, rund um die Scheidung eines Paares, die unheilbare Krankheit eines Menschen, den Verlust eines Arbeitsplatzes, die Depression eines Familienmitglieds, die Trauerzeit durch den Tod eines Menschen, ist es heilsam, in den Weihnachtstagen die Sehnsucht nach Licht im Unterwegssein und im Einbezug der vier Elemente Wasser, Feuer, Erde, Luft zu feiern.

Dunkelheit

Werner Thissen

Dass das Weihnachtsfest nach der Nacht benannt ist, macht deutlich: Die Nacht gehört unverzichtbar zu diesem Fest.

Nachterfahrung auch im Text der Bibel: »Das Volk, das im Dunkeln lebt, sieht ein helles Licht«, heißt es beim Propheten Jesaja (Jes 9,1).

Dunkelheit irritiert. Dunkelheit macht Angst. Ich meine nicht so sehr die Dunkelheit draußen. Dafür gibt es Straßenlaternen. Ich meine das Dunkel drinnen, im Menschen, in mir.

Ich finde es tröstlich, dass die Dunkelheit auch zu Weihnachten gehört. Beim Propheten Jesaja wird die Dunkelheit konkret benannt: Gewalt und Blutvergießen sind angesprochen, wenn vom Soldatenstiefel die Rede ist, der dröhnend daherstampft. Oder vom Mantel, der mit Blut befleckt ist.

Wem kämen da nicht die heutigen Kriegsgebiete wie Irak oder Syrien in den Sinn! Unsere Welt ist voll von Gewalt. Nicht nur in der Ferne. Auch in der Nähe.

Wir in Deutschland tragen dazu bei. Panzer und anderes Kriegsmaterial verkaufen wir auch zum Fest des Friedens in den Süden. Und zum Fest des Lebens wird organisierte Sterbehilfe bei uns propagiert. Anfang und Ende des Lebens sind bei uns bedroht wie selten zuvor. Geballte Dunkelheit.

Und wo bleibt das Licht?

Drei Hinweise können hilfreich sein, um auch das Licht wahrzunehmen.

Als Erstes ist wichtig, nicht die Augen zu verschließen vor der Dunkelheit in unserer Welt, in unserer Gesellschaft und auch in uns selbst.

Als Zweites hilft mir, dass ich in mich hineinhorche. Was sagen mir mein Gefühl, mein Gewissen, meine innere Stimme? Was wollte ich vielleicht schon längst tun und habe es bis jetzt aufgeschoben? Zu welchem Handeln drängt mich das Licht der Weihnacht?

Und noch ein letzter Hinweis, damit mir das Licht der Weihnacht aufgeht: Ich sage das, was mir durch den Kopf und durchs Herz geht, dem Kind in der Krippe. Gott hört mich an in der Gestalt dieses Kindes. Er fällt mir nicht ins Wort. Er beurteilt mich nicht. Er verurteilt mich nicht.

Wenn ich mich in Stille dem Kind in der Krippe zuwende, dann lässt er mich erfahren, was für mich dran ist, was ich zu tun habe und was zu lassen, was sein Auftrag für mich ist, was der Sinn meines Daseins ist.

Vom Sinn spricht auch Papst Benedikt in seinem Buch über die Kindheitsgeschichten Jesu. Er weist darauf hin, dass die biblische Aussage »Das Wort ist Fleisch geworden« auch so übersetzt werden kann: »Der Sinn ist Fleisch geworden.«

Das sagt mir: Jesus Christus ist in die Welt gekommen, damit ich den Sinn meines Lebens erkennen kann. In Verbindung mit ihm bekommt mein Leben tiefen Sinn. Mit ihm kann ich den Sinn besser erkennen, auch in Krisen, auch in Dunkelheiten, auch in allem, was mich bedrückt und quält.

Dann wird es hell in mir. Dann hält mich weder die Dunkelheit in der Welt noch die Dunkelheit in mir selbst davon ab, Sinnvolles, Gutes zu tun.

Denn der Sinn meines Lebens ist für mich greifbar, begreifbar geworden, hat Hand und Fuß bekommen durch das Kind von Bethlehem, in welchem Gott selbst zu uns kommt.

Es gibt so viel Dunkelheit. Aber das Licht leuchtet.

Selbst das kleinste Licht

Gernot Candolini

Wenn ich in den Winternächten hinaufschaue zu den Sternen, erfüllt es mich immer wieder mit Staunen: Licht überwindet unermessliche Entfernungen, riesige Räume und tiefste Dunkelheit. Der Kerzenschein hinter einem Fenster ist über etliche Kilometer zu sehen. Licht ist der Beweis, dass etwas sehr Kleines eine sehr große Wirkung haben kann.

Dunkelheit taucht in verschiedensten Formen immer wieder in unserem Leben auf: Beziehungen, die zerbrechen, der Körper, der unwiderruflich schwächer wird, oder eine Krankheit, die uns aus der gewohnten Bahn des Lebens wirft. Von Dunkelheit zeugen auch all die tragischen Schicksale überall in der Welt, Menschen in Todesangst und Armut, die scheinbar nie endende Ungerechtigkeit. Die dunkle Zeit des Jahres erinnert auch an die letzte geheimnisvolle Dunkelheit des Lebens, den Tod.

Mitten in dieser Zeit zünden wir besonders viele Kerzen an, hängen Lichterketten an Balkone und Bäume, entzünden Sternwerfer und suchen Orte, wo wir den Sternenhimmel sehen können.

Selbst ein kleines Licht ist stärker als die größte Dunkelheit. So wie ein Funke Freude meine Angst überwinden kann. So wie eine Spur Vertrauen meine Sorgen verwandeln kann. So wie eine Prise Barmherzigkeit meinen Zorn schmelzen lässt.

Weihnachten erinnert jedes Jahr daran, dass etwas sehr Kleines eine sehr große Wirkung haben kann. Weihnachten fordert uns auf, diesen kleinen Dingen zu vertrauen, sie in unser Leben aufzunehmen und sie auch immer wieder zu verschenken.

Ein Licht geht auf

Anthony de Mello

Um den Kampf gegen Ihre Abhängigkeiten zu gewinnen, müssen Sie folgende Wahrheiten wirklich erkennen:

Erste Wahrheit: Sie halten an einem Irrglauben fest – daran nämlich, dass Sie ohne einen bestimmten Menschen oder ohne eine bestimmte Sache nicht glücklich sind. Betrachten Sie einmal all Ihre Abhängigkeiten und machen Sie sich den Irrtum dieser Annahme klar. [...]

Zweite Wahrheit: Wenn Sie sich an allem einfach erfreuen, aber sich weigern, Ihr Herz daran zu hängen, dem Irrglauben zu folgen, dass Sie ohne etwas Bestimmtes nicht glücklich sein können, bleibt Ihnen all der Kampf erspart, das Erlangte zu verteidigen. Haben Sie schon einmal daran gedacht, dass Sie sogar mehr Freude erfahren, wenn allem das Anklammern und Davon-Abhängigsein genommen ist, weil Sie dann in sich ruhen, gelöst und unbeschwert sein können?

Dritte und letzte Wahrheit: Wenn Sie lernen, den Duft von tausend Blumen zu genießen, klammern Sie sich nicht an eine einzelne und leiden auch nicht, wenn Sie sie nicht bekommen. Sie werden das Fehlen einer einzigen nicht bemerken; es wird Ihr Glück nicht im Geringsten beeinträchtigen. Doch genau Ihre Abhängigkeiten sind es, die Sie daran hindern, einen umfassenderen und vielfältigeren Geschmack für Dinge und Menschen zu entwickeln ...

Im Lichte dieser drei Wahrheiten kann keine Abhängigkeit länger überleben. Doch das Licht muss ununterbrochen scheinen, um seine Wirkung entfalten zu können. Abhängigkeiten können nur in der Dunkelheit der Illusion gedeihen. Der Reiche kann nicht in das Königreich der Freude eingehen, nicht weil er böse sein will, sondern weil er auf seiner Blindheit beharrt.

Das innere Licht schauen

Anselm Grün

Der Schein der Kerzen erinnert uns daran: Wir tragen in uns ein Licht, das immer scheint und das immer seine heilende Wirkung auf unseren Leib und unsere Seele entfaltet, wenn wir ihm Raum geben. Christus, das wahre Licht, ist in jedem von uns. Das Symbol der adventlichen Kerze besagt also: Wir sollen den Mut finden, die eigene Finsternis anzuschauen und sie in das Licht Gottes zu halten. Gott hat mich nicht vergessen in meiner Dunkelheit. Er selbst ist das Licht, das meine Nacht erhellt. Wenn ich ihn eintreten lasse in mein Herz, vertreibt er alle finsteren Gedanken. Dann wird es in mir hell.

»Vom Himmel hoch, da komm ich her«

Von der Menschwerdung Gottes

Vom Himmel hoch, da komm ich her,
ich bring' euch gute neue Mär,
der guten Mär bring' ich so viel,
davon ich sing'n und sagen will.

Euch ist ein Kindlein heut' gebor'n
von einer Jungfrau auserkor'n,
ein Kindelein, so zart und fein,
das soll eu'r Freud und Wonne sein.

Martin Luther

Das Herz einstimmen

Papst Franziskus

Der Herr kommt, er kommt in unser Leben als Befreier, er kommt, um uns von allen inneren und äußeren Knechtschaften zu befreien. Er ist es, der den Weg der Treue, der Geduld und der Beständigkeit weist, damit unsere Freude bei seiner Wiederkunft vollkommen sein wird. Weihnachten ist nahe, die Zeichen dieses Nahens sind in unseren Straßen und Häusern sichtbar; auch hier auf dem Platz ist eine Krippe mit dem Weihnachtsbaum daneben errichtet worden. Diese äußeren Zeichen laden uns ein, den Herrn aufzunehmen, der immer kommt und an unsere Tür klopft, er klopft an unser Herz, um uns nahezukommen. Diese Zeichen laden uns ein, seine Schritte unter jenen der Brüder und Schwestern wiederzuerkennen, die an uns vorbeigehen, vor allem der schwächsten und bedürftigsten. Heute werden wir eingeladen, uns über das unmittelbar bevorstehende Kommen unseres Erlösers zu freuen; und wir sind gerufen, diese Freude mit den anderen zu teilen, indem wir den Armen, den Kranken, den einsamen und unglücklichen Menschen Trost und Hoffnung schenken. Die Jungfrau Maria, »Magd des Herrn«, helfe uns, im Gebet die Stimme Gottes zu hören und ihm voll Mitleid in den Brüdern und Schwestern zu dienen, um gut vorbereitet zum Fest der Geburt Jesu zu gelangen.

In dulci iubilo

In dulci iubilo,
nun singet und seid froh!
Unsers Herzens Wonne
leit in præsepio
und leuchtet als die Sonne
matris in gremio.
|: Alpha es et O. :|

2. O Jesu parvule,
nach dir ist mir so weh.
Tröst mir mein Gemüte,
o puer optime;
durch alle deine Güte,
o princeps gloriæ,
|: trahe me post te. :|

3. Ubi sunt gaudia?
Nirgend mehr denn da,
da die Engel singen
nova cantica
und die Schellen klingen
regis in curia.
|: Eia, wärn wir da! :|

4. Mater et filia
ist Jungfrau Maria;
wir wären gar verloren
per nostra crimina:

So hast du uns erworben
caelorum gaudia.
|: Maria, hilf uns da! :|

Ein Fenster zur Ewigkeit

Guido Fuchs

In besonderer Weise wird der Gedanke an die künftige Herrlichkeit, auf welche die Geburt Christi uns hoffen lässt, in dem Lied »In dulci iubilo« ausgedrückt. Es ist ein deutsch-lateinisches Mischlied, das in das 14. Jahrhundert zurückreicht und im Laufe der Zeit manche Erweiterung (auf vier Strophen) und textliche Umgestaltung erfuhr (z. B. in einer rein deutschen Fassung von 1646 »Nun singet und seid froh«, die sich bis heute im Evangelischen Gesangbuch findet). Doch blieb »In dulci iubilo« stets eine andere Art von Weihnachtslied, weil es in ihm »nicht so sehr um die weihnachtliche Gegenwart des Christkinds geht ..., sondern um den Ausblick in die ewige Seligkeit, also die jenseitige Zukunft« (Maria Luise Thurmair). Etliche Wendungen in diesem Lied weisen auf diese Zukunft hin: »Alpha es et O« heißt es in der ersten Strophe über das Kind im Schoß der Mutter (»in matris gremio«). – »Du bist das Alpha und das Omega!« Dieses Zitat aus der Offenbarung des Johannes (Offb 1,8) umschreibt Christus als den Herrscher, der war, der ist und der kommen wird. Er ist der schon in den Psalmen genannte König der Herrlichkeit (»princeps gloriae« – 2. Strophe, vgl. Ps 24), in dessen königlichem Hof (»in regis curia« – 3. Strophe) die Engel, gleichsam als musizierender Hofstaat, neue, nie zuvor gehörte Lieder singen (»nova cantica«). – Hier klingt ein älterer Hymnus des Petrus Abaelard durch, der im 12. Jahrhundert die Vollendung der Welt in das Bild des den ewigen Sabbat feiernden himmlischen Hofes gebracht hat (»O quanta qualia«).

Das Lied hat keine Handlung; es zeichnet nicht das Geburtsgeschehen nach, es ist vielmehr eine in Goldglanz strahlende Ikone des auf dem Schoß der Gottesmutter thronenden göttlichen Herrschers, von dem der Glanz der Sonne ausgeht, weil er die wahre Sonne selbst ist. Ja, wie eine Ikone ist auch das Lied ein »Fenster in den Himmel«, wie es Martin Rößler genannt hat. Und es passt zu diesem Ausblick in die Zukunft, dass die dritte Strophe – zumindest nach einigen Quellen – in einen Seufzer der Sehnsucht mündet, in das »Eia, wär'n wir da!«.

Nirgendwo kann es schöner sein. Diese aus dem Lied sprechende Sehnsucht ist auch anders als jener mehr von Furcht und Schrecken gekennzeichnete Ausblick auf den wiederkommenden Herrn, der im Mittelalter prägend war. Die erste Ankunft des Gottessohnes auf Erden lässt immer auch auf dessen zweites Kommen am Ende der Zeiten schauen. Das noch heute im Advent gesungene »Gott, heilger Schöpfer aller Stern« (»Conditor alme siderum«)

aus dem 10. Jahrhundert nimmt den zukünftigen und strengen Richter Jesus Christus in den Blick, den wir angesichts seiner bevorstehenden Wiederkunft bitten, dass er uns zuvor seinen Willen lehrt und im Glauben zunehmen lässt, damit wir seines Kommens würdig werden.

Wie anders dagegen der Ton dieser weihnachtlichen Cantio: »Singet und seid froh«, lautet ihre Botschaft, von himmlischen Freuden (»gaudia«) ist die Rede. Es ist die herzliche Beziehung der Mystik, jener innigen Frömmigkeit des späten Mittelalters, zu Jesus Christus, die in diesem Lied zum Ausdruck kommt. In der Lebensbeschreibung des Mystikers Heinrich Seuse wird das Lied auch erstmals erwähnt. Ihm sei ein himmlischer Spielmann erschienen, der »ein fröhliches Gesänglein von dem Kindlein Jesus« angestimmt habe, das »In dulci iubilo« lautete. Die Engel nahmen Seuse bei der Hand und vollführten mit ihm einen Tanz, der ihn alle seine Leiden vergessen ließ, ein Vorgeschmack ewiger himmlischer Freude war und göttlicher Herrlichkeit.

In diesem Schweben zwischen »schon« und »noch nicht« sehnt sich der Dichter nach dem Endgültigen: »Trahe me post te«, »Zieh mich her hinter dir«, ruft er in der Sprache der Liebenden und in Worten des Hohen Liedes (Hld 1,4). Wer tief im Innern spürt, was Weihnachten uns an herrlicher Zukunft auftut, der ist »hin und weg«, der möchte hier nicht bleiben länger.

Als Gott Windeln trug

Susanne Niemeyer

Ich war mal klein. Ganz genau erinnere ich mich nicht mehr, aber ich nehme an, ich habe geschrien, wenn ich wütend war, gelacht, wenn sich ein freundlicher Mensch über mich beugte, und dass ich inkontinent war, machte mir nichts aus. Meine Neugier war groß. Hielt man mir etwas hin, untersuchte ich es genau. Ich hielt es für selbstverständlich, dass eine Kastanie, ein Löffel oder eine Klorolle gleichermaßen ein Geheimnis bereithalten konnten. Zwischen Polizisten, Prostituierten und Pastoren machte ich keinen Unterschied. Wer lächelte, war gut.

Dann kamen Zwischenprüfungen, verdorbene Fischgerichte, Menschen, die einfach auf Nimmerwiedersehen verschwanden, und ich wurde vorsichtiger. Ich glaube, so geht es vielen. Anfänge sind oft voller Zuversicht. Dann beginnt man zu verlernen:

- zu vertrauen, dass man aufgefangen wird, wenn man springt;
- einen Stift anzusetzen, eine Blume, ein Haus, einen Löwen zu malen, ohne zu denken: Das kann ich nicht;
- etwas zu tun, ohne vorher zu fragen, ob es sich lohnt;
- sein ohne übertriebene Scham;
- es nicht peinlich zu finden, zu weinen;

- einen so selbstbewusst eigenen Stil zu haben, der es erlaubt, eine lila Hose mit einem roten Pullover zu kombinieren.

Gott kam als Kinderseele zur Welt. Das ist merkwürdig. Er hätte diesen Schritt doch genauso gut überspringen können. Ein Gott, der in die Hose macht, kann schnell ein Autoritätsproblem kriegen. Trotzdem hat er sich in eine Krippe gelegt und sich den anderen überlassen. Die ihn wickeln, stillen, füttern. Die ihm zeigen, wie man geht, die ihn an sich drücken. Die ihn schützen vor dem Bösen, vor den Häschern und vor zu steilen Treppen.

Den Himmel, sagte er später, gibt es nur, wenn wir wieder wie Kinder werden. Wenn wir es wagen, klein zu sein, damit wir hineinkriechen können wie in eine Höhle. Weil der Himmel keine Gernegroße braucht und keine Alles-Berechner. Die Erde auch nicht.

Vielleicht wollte er es allen zeigen. Vielleicht wollte er vormachen, wie das geht: Mach dich verletzbar. Nur so bist du echt. Hab Vertrauen. Lass dich tragen. Rechne nicht. Greif zu, wenn sich dir etwas bietet (und lerne, dass du nicht alles haben kannst). Bleib neugierig. Verwirf das Einfache nicht, vielleicht birgt es einen Schatz. Schäm dich nicht für dein Dasein. Lache, wenn du lachen willst, und weine, wenn du traurig bist. Vergiss die Wut nicht, sie gehört zu dir. Schlaf ist kein Zeichen von Faulheit. Miss dein Gegenüber nicht an seiner Kleidung (außer, sie glitzert sehr, da kann man schon mal schwach werden).

Erlaube dir, keinen Brokkoli zu mögen. Fürchte das Scheitern nicht. Male, tanze, singe, wenn du willst. Frag, was du wissen willst. Wer nicht fragt, bleibt dumm. Spar dabei den Tod, das Ende der Welt (oder ihren Anfang), Wunder und andere Alltäglichkeiten nicht aus. Liebe deinen Körper. Es gibt dich nicht ohne ihn. Halte vieles für möglich.

Gott träumt den Menschen

Anselm Grün

Gott hatte einen Traum. Er träumte die Schöpfung. Und er schuf sie. Er schuf den Himmel und die Erde, die Blumen und Gräser, die Bäume und Wälder, die Berge und Hügel, die Flüsse und das Meer, die Fische und Vögel, die Insekten und die Säugetiere. Aber es fehlte Gott etwas an seinem Traum. Da träumte er den Menschen, der nach seinem Bild und Gleichnis geschaffen ist. Er schuf den Menschen als Mann und Frau. Doch der Mensch verdunkelte das Bild, das Gott sich von ihm gemacht hatte. Er entfremdete sich von Gott. Er lief vor Gott davon, aber auch vor sich selber. Er trennte sich von seinem eigenen Ursprung. Er lebte nicht vor Gott, sondern versteckte sich vor ihm. Er verkrümmte sich in sich selbst. Er verschloss die Türen seines Herzens und ließ Gott nicht mehr bei sich eintreten. Er gab nicht nur die Gemeinschaft mit Gott auf, sondern wandte sich auch gegen sich selbst und gegen seine Brüder und Schwestern. Er geriet auf Abwege, verstrickte sich im Dickicht seiner eigenen Lügen.

Da träumte Gott seinen Traum von Neuem. Er träumte, wie der Mensch eigentlich gedacht war. Und er verwirklichte seinen Traum, indem er einen neuen Anfang setzte. Er ließ seinen eigenen Sohn, das Bild seiner Herrlichkeit, Mensch werden. »Der Einzige, der Gott ist und am Herzen des Vaters ruht« (Johannes 1,18), er sollte Mensch werden und das Urbild des Menschen wieder herstellen. Er sollte den Menschen vor Augen führen, wie sie sein könnten, wenn sie aus der Einheit mit Gott heraus lebten. Er sollte sie an ihren göttlichen Ursprung erinnern, an den göttlichen Kern, den sie noch in sich trugen, aber den sie durch ihre Sünde verdunkelt hatten.

An Weihnachten feiern wir den Traum Gottes, wie er in Jesus Christus sichtbar geworden ist. Wir feiern den Menschen, wie er in seinem reinen Wesen in Jesus aufgeleuchtet ist.

Martin, der Schuster

Leo Tolstoi

Es war einmal ein armer Schuster, der hieß Martin und lebte in einem Keller. Durch das kleine Kellerfenster konnte er die Menschen sehen, die draußen auf der Straße vorübergingen. Zwar sah er nur ihre Füße, doch erkannte er jeden an seinen Schuhen. Fast alle diese Schuhe hatte er schon ein- oder zweimal in seinen Händen gehabt.

Schon seit vielen Jahren arbeitete Martin in dem Keller, der ihm zugleich Werkstatt und Wohnung war. Von morgens bis abends schnitt er Leder zurecht, nagelte neue Sohlen auf die Schuhe oder nähte einen Flicken auf eine geplatzte Naht. Die Leute kamen gern zu Martin, denn er machte seine Arbeit gut und verlangte nicht zu viel Geld dafür.

Wenn der Advent kam und es draußen dunkel wurde, zündete Martin die Lampe an und las in seinem Lieblingsbuch. Es war die Bibel mit den vielen Geschichten von Jesus. Den ganzen Tag freute er sich auf dieses Buch. Er konnte den Abend kaum erwarten. Eines Tages hörte Martin, wie jemand seinen Namen rief. »Martin«, klang es plötzlich ganz leise an seinem Ohr. Er blickte sich um. Aber niemand war in seiner Werkstatt. Doch gleich darauf hörte er die Stimme wieder: »Martin! Schau morgen hinaus auf die Straße! Ich will zu dir kommen.« Martin dachte, er habe geträumt. War es Jesus, der aus der

Stille zu ihm sprach? Am nächsten Morgen sah Martin vor seinem Fenster ein Paar alte, geflickte Soldatenstiefel und bald erkannte er auch den Mann, der sie anhatte.

Es war der alte Stephan. Er schaufelte gerade den Schnee von der Straße. Die Arbeit strengte ihn sehr an. Er musste immer wieder stehen bleiben, um sich auszuruhen. Martin hatte Mitleid mit dem armen Mann und rief ihn zu sich herein.

»Komm herein, Stephan! Wärme dich in meiner Stube!« Dankbar nahm Stephan die Einladung an. Er getraute sich kaum, mit dem Schnee an den Stiefeln die Stube zu betreten. Doch Martin redete ihm freundlich zu: »Setz dich zu mir an den Tisch, Stephan! Ich will dir ein Glas Tee einschenken. Der warme Tee wird dir guttun.«

Als Stephan gegangen war, schaute Martin bei der Arbeit wieder aus dem Fenster. Da sah er eine junge Mutter mit einem kleinen Kind auf den Armen. Die Frau fror in ihrem dünnen Kleid. Sie versuchte, ihr Kind vor dem kalten Wind zu schützen. »Komm herein, Frau!«, rief Martin ihr zu. »Hier drinnen kannst du dein Kind besser wickeln.«

Martin nahm die Suppe vom Herd, die er für sich selber gekocht hatte, und gab sie der Frau. »Hier, iss etwas«, sagte er, denn er sah der Frau an, dass sie Hunger hatte. Während die Mutter die Suppe aß, nahm Martin das Kind auf seinen Schoß und versuchte, es durch allerlei Späße zum Lachen zu bringen. Dann gab er es der Mutter zurück.

Kaum war die Mutter mit dem Kind gegangen, da hörte Martin ein Geschrei vor seinem Fenster. Eine Marktfrau schlug auf einen kleinen Jungen ein, der einen Apfel aus ihrem Korb gestohlen hatte. »Warte nur, du Dieb! Ich bring dich zur Polizei«, schrie sie wütend und zerrte den Jungen an den Haaren. Sofort rannte Martin auf die Straße hinaus. »Lass ihn doch laufen«, sagte er zu der Frau. »Er wird es bestimmt nicht wieder tun. Den Apfel will ich dir bezahlen.« Da beruhigte sich die Frau und der Junge musste sich bei ihr entschuldigen, weil er den Apfel gestohlen hatte. »Schon gut«, sagte die Marktfrau und ging weiter. Der Junge aber half ihr freiwillig, den schweren Apfelkorb zu tragen.

Am Abend las Martin wieder in seinem Lieblingsbuch, in der Bibel. Da hörte er die Stimme an seinem Ohr: »Martin, Ich bin bei dir gewesen. Hast du mich erkannt?« »Wann? Wo?«, fragte Martin erstaunt. »Schau dich einmal um«, sagte die Stimme. Da sah Martin plötzlich den alten Stephan im Licht der Lampe stehen und daneben die junge Mutter mit ihrem Kind. Auch den Jungen mit dem Apfel sah er und die Marktfrau mit dem Korb am Arm. »Erkennst du mich jetzt?«, flüsterte die Stimme. Dann waren alle auf einmal verschwunden. Da freute sich Martin. Er schlug wieder seine Bibel auf und las, was Jesus gesagt hatte: »Alles, was ihr für einen meiner geringsten Brüder getan habt, das habt ihr mir getan.«

»Lasset uns sehen in Bethlehems Stall«

Vom Kind in der Krippe

Kommet, ihr Hirten, ihr Männer und Fraun,
Kommet, das liebliche Kindlein zu schaun,
Christus, der Herr, ist heute geboren,
Den Gott zum Heiland euch hat erkoren.
Fürchtet euch nicht!

Lasset uns sehen in Bethlehems Stall,
Was uns verheißen der himmlische Schall;
Was wir dort finden, lasset uns künden,
Lasset uns preisen in frommen Weisen:
Halleluja!

Wahrlich, die Engel verkündigen heut
Bethlehems Hirtenvolk gar große Freud:
Nun soll es werden Friede auf Erden,
Den Menschen allen ein Wohlgefallen:
Ehre sei Gott!

Böhmisches Weihnachtslied

Kommt, lasst uns den Herrn anbeten!

Notker Wolf

»Kommt, lasst uns den Herrn anbeten! Er ist der König, der kommen wird.« Diesen adventlichen Vers lese ich in meinem Brevier auf einem Flug nach Manila. In der Hauptstadt der Philippinen angekommen, werde ich von unseren Mitbrüdern abgeholt. Im dichten Morgenverkehr kommen wir mit unserem Kleinbus nur schleppend voran.

Ich schaue nach draußen auf die kleinen Läden, sehe ganze Kolonnen von Schülern mit Büchern im Arm. Meine Blicke gehen in die Seitenstraßen, auf die windigen Hütten, auf die mit Jeans, Blusen und T-Shirts behangenen Wäscheleinen. Wir fahren an einem fast ausgetrockneten Flussbett entlang. Der Gestank dringt ins Auto. Tausende von Menschen wohnen hier, direkt neben all dem Unrat, und sind vermutlich froh, überhaupt ein Dach über dem Kopf zu haben.

Meine Lippen murmeln weiter: »Kommt, lasst uns den Herrn anbeten! Er ist der König, der kommen wird.« Der so vertraute Text kommt mir auf einmal so fremd vor, so fern der Wirklichkeit. Die Menschen hier haben wohl kaum Zeit für Anbetung. Und ob sie auf einen König warten, der kommen soll? Ich weiß es nicht. Die vielen Kleinhändler, sie warten auf Käufer. Die meisten werden wohl mit der Frage beschäftigt sein, was sie am nächsten Tag in ihrer vielköpfigen Familie essen.

Ich möchte zum Busfahrer sagen: »Halt an! Ich will zu den Leuten gehen und sie fragen, wie sie mit dem Leben zurechtkommen, worauf sie warten, ob es Hoffnung gibt, die sie bewegt, ob es für sie einen König gibt, auf den sie warten?« Es wäre nutzlos. Man würde mich nur fragend anstarren. Was will denn dieser Fremde hier?

Die Philippinos sind ein frommes Volk, auch wenn sich Glaube und Aberglaube bei ihnen häufig mischen. Viele haben in der Tat ihren Weg gefunden, Advent zu feiern und ihren Hoffnungen Ausdruck zu verleihen. Sie singen, tanzen und feiern mitten in ihrer Armut und am 24. Dezember werden sie ihre Heiligen durch die mit unzähligen elektrischen Lampen geschmückten Straßen tragen. Aber genügt das?

In unserem Kloster Digos auf der südphilippinischen Insel Mindanao suchen unsere Mitbrüder nach neuen Wegen. Sie haben eine kleine Ambulanz aufgebaut, die Kranke aus den umliegenden Dörfern versorgt, kümmern sich um Drogenabhängige und geistig Behinderte. Die Kranken, die zuvor in ihren Familien depressiv herumhingen, werden wieder aktiv und arbeiten in der bescheidenen Landwirtschaft mit.

Es ist nichts Großartiges, was unsere Mitbrüder tun. Sie versuchen einfach, den Weg Jesu zu gehen. Sie hegen keinen Weltbekehrungsanspruch. Sie zünden ein kleines Licht der Hoffnung an unter armen

Menschen. Hier erlebe ich Advent. Gott kommt nicht mit Getöse. Er bleibt ein Schwacher unter den Schwachen, ein Ohnmächtiger unter den Ohnmächtigen. Aber er ist bei ihnen.

Nach innen geht der Weg

Anselm Grün

Das Kind in der Krippe möchte dich dazu einladen, dich selbst zu lieben, liebevoll mit dir selbst umzugehen, dir deine Kinderkrankheiten zu vergeben und dich damit zu versöhnen, dass du so bist, wie du bist. Es braucht das Lächeln eines Kindes, um dich selbst annehmen und lieben zu können, den feinen Humor eines Menschen, der in seinem Herzen noch Kind geblieben ist. Wer sich zu ernst nimmt, der muss sich entweder groß machen und als wichtige Persönlichkeit gebärden, oder aber er verachtet sich selbst und macht sich kleiner, als er in Wirklichkeit ist. Dich selbst lieben heißt, dich so lieben, wie du geworden bist. Nur so kannst du werden, wie Gott dich ausgedacht und wozu er dich berufen hat.

Lass dich von den weihnachtlichen Engeln einführen in die Leichtigkeit des Seins, in die Freude am Leben. Lass dir von ihnen sagen, dass Gott Wohlgefallen an dir hat. Vielleicht bekommst Du dann auch Flügel und kannst dich mit ihnen über die graue Wirklichkeit emporheben, so dass der Himmel sich über dir öffnet. Unter den vielen Engeln auf den Weihnachtsbildern ist ganz gewiss einer, der für dich bestimmt ist, um dir allein die große Freude zu verkünden, dass für dich der Retter geboren wurde. Er ist der Messias, der dich befreit von den Fesseln, die einengen und am Leben hindern, der Herr, der zu dir steht, der dir beisteht, damit dein Leben gelingt.

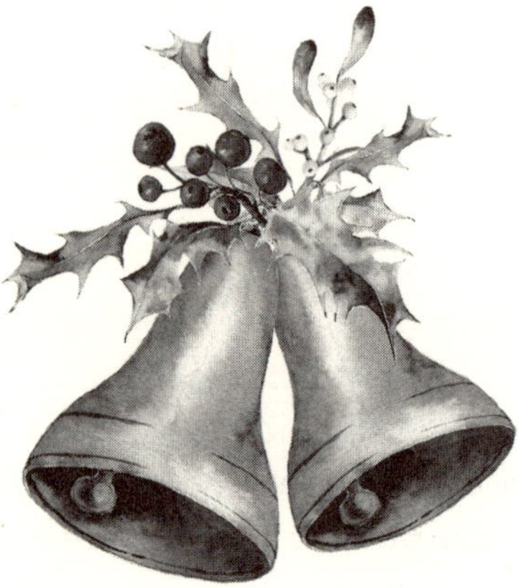

Spiel des Lebens

Hubertus Brantzen

Eine besondere Art, sich in das Leben Jesu an Weihnachten einzufügen, erfuhr ich in dem Bericht einer Mutter. Sie ging mit ihren Kindern nach Weihnachten in den Mainzer Dom, der zugleich ihre Pfarrkirche ist. Der kleine Jonathan trug einen Teddybären vorsichtig in beiden Händen. Heute sollte sich endlich sein lange gehegter Wunsch erfüllen: Er wollte dem Jesuskind einen Kuschelbären schenken, den er von seinem selbst gesparten Geld gekauft hatte.

Während des Trubels der Feiertage besuchten zu viele Menschen den Dom. Da wollte Jonathan dem Kind in der Krippe seinen Bären nicht überreichen. Aber er versprach: »Bald schenke ich dir ein kleines Schmusetier!« Nun war es aber so weit. Es war noch früh am Morgen und ganz still im Dom. Jonathan sah von Weitem das Jesuskind, das so alleine in seiner Krippe lag. Er hielt sein Bären-Geschenk hoch. Da kam der Mann von der Domaufsicht. Der Mann fragte den Jungen freundlich: »Hat das Christkind dir das schöne Bärchen gebracht?« Jonathan erwiderte: »Nein, es ist ein Geschenk für das Kind in der Krippe. Niemand hat ihm etwas zum Schmusen mitgebracht. Was soll es denn mit Gold, Weihrauch und Myrrhe anfangen?«

Da schmunzelte der Domaufseher: »Du hast recht. Schenke ihm dein Bärchen. Du darfst es selbst zu ihm tragen.« Der Mann hob Jonathan hoch. Ganz langsam ging Jonathan über das Moos bis vor den Stall. Er stand dicht vor dem Kind in der Krippe. Glücklich verweilte er noch einen Moment, streichelte sanft über den Kopf des Jesuskindes und legte ihm den Teddybären in die offenen Arme. Strahlend drehte er sich um und kam zurück. Seine Mutter empfing ihn mit offenen Armen. Und der Mann von der Domaufsicht murmelte vor sich hin: »Das Wunder von Bethlehem dauert wohl bis heute.«

Der kleine Jonathan fügte sich in spielerischer Weise, aber mit größtem Kinderernst in die Geschichte von Weihnachten ein. Er wurde zu einer der Krippenfiguren, die aktiv dem Kind in der Krippe ihre Liebe zeigten.

Das war wohl auch die Intention des heiligen Franz von Assisi, der an Weihnachten 1223 in Greccio anstelle einer Predigt die Weihnachtsgeschichte mit lebenden Tieren und Menschen darstellte. Wir sollen also die Krippe nicht bestaunen, sondern in sie hineingehen. Genauer: Die Weihnachtsgeschichte ist ein Anruf, uns auf die Menschwerdung Gottes einzulassen, weil sich Gott auf die Menschen einließ. Mehr noch: Wir sind eingeladen, uns in das Leben Jesu einzufügen.

Wie ernst dieses Einfügen in das Leben Jesu sein kann, wurde mir an einem Jesuitenpater deutlich, der einen Teil meines Lebensweges begleitete. Er war ein gescheiter Mann, der nicht nur seine Theologie ordentlich studiert hatte, sondern auch Volkswirtschaft. So kam es, dass er sich nicht nur mit Kirchenleuten, sondern auch mit Wirtschaftsmanagern und Gewerkschaftlern gut verstand. Er war in der großen Welt zu Hause.

Zugleich gab es eine Seite an ihm, die mir immer feinsinnig, spirituell, fast unwirklich erschien. Ganz nebenbei erzählte er irgendwann, er sei an Weihnachten geboren. Doch er erwähnte es auf eine Weise, die mir hintergründig erschien. Irgendwie schwang in seinen Worten eine Solidarität mit dem Kind in der Krippe mit, die weit über das gewöhnliche Maß hinausging.

In den letzten Jahren seines Lebens machte ihm ein schlechter Gesundheitszustand zu schaffen. Immer wieder kamen Nachrichten, es ginge ihm nicht so gut. In einer Osterwoche erreicht uns schließlich die Nachricht, er sei während der Karfreitagsliturgie verstorben. Noch heute treibt mir diese Nachricht die Tränen in die Augen: Da war ein Mensch, der sich mit seiner gesamten Lebensspanne in das Leben Jesu einfügen ließ. Für den Zeitpunkt seiner Geburt konnte dieser Mann nichts. Doch im Blick auf den Zeitpunkt seines Todes geht mir nicht aus dem Sinn, dass seine Identifikation mit Jesus Christus so intensiv war, dass er sein Leben in den Tod Jesu hineingeben konnte. Sein Leben begann gleichsam mit einem Krippenspiel und endete mit einem Passionsspiel. In beiden spielte er das Spiel seines Lebens.

Die Geburt Jesu

In jenen Tagen erging ein Erlass des Kaisers Augustus, den ganzen Erdkreis in Steuerlisten einzutragen. Diese Aufzeichnung war die erste und geschah, als Quirinius Statthalter von Syrien war. Alle gingen hin, sich eintragen zu lassen, ein jeder in seine Stadt. Auch Josef zog von der Stadt Nazaret in Galiläa hinauf nach Judäa in die Stadt Davids, die Betlehem heißt. Denn er war aus dem Haus und Geschlecht Davids. Er wollte sich mit Maria eintragen lassen, seiner Frau, die schwanger war. Während sie dort waren, kam für Maria die Zeit ihrer Niederkunft, und sie gebar ihren Sohn, den Erstgeborenen, wickelte ihn in Windeln und legte ihn in eine Krippe, weil in der Herberge für sie kein Platz war.

In derselben Gegend waren Hirten auf dem Feld, die bei ihrer Herde Nachtwache hielten. Da trat der Engel des Herrn zu ihnen, und die Herrlichkeit des Herrn umstrahlte sie, und sie fürchteten sich sehr. Der Engel aber sagte zu ihnen: Fürchtet euch nicht! Denn ich verkünde euch eine große Freude, die dem ganzen Volk zuteil werden soll. Heute ist euch in der Stadt Davids der Retter geboren, nämlich der Messias, der Herr. Und dies soll euch das Zeichen sein: Ihr werdet ein Kind finden, in Windeln gewickelt und in einer Krippe liegend. Und plötzlich war bei dem Engel eine Menge himmlischer Heerscharen, die Gott lobten und sprachen: Herrlichkeit in den

Höhen für Gott und auf der Erde Friede den Menschen seines Wohlgefallens!

Als die Engel von ihnen in den Himmel gegangen waren, sagten die Hirten zueinander: Lasst uns nach Betlehem gehen und sehen, was geschehen ist und was der Herr uns kundgetan hat. Sie kamen eilends hin und fanden Maria und Josef und das Kind, das in der Krippe lag. Als sie es sahen, berichteten sie von dem Wort, das ihnen über dieses Kind gesagt worden war. Und alle, die es hörten, wunderten sich über das, was ihnen von den Hirten erzählt wurde. Maria aber bewahrte alle diese Worte und erwog sie in ihrem Herzen. Die Hirten kehrten zurück, priesen und lobten Gott für alles, was sie gehört und gesehen hatten, so wie es ihnen gesagt worden war.

Lukas 2,1–20

Angelpunkte des Lebens

Georg Langenhorst

Die Beobachtung, dass die Rede von Engeln in so vielen Kulturen beheimatet ist und gerade auch in den aktuellen Jugendwelten frei rezipiert und ausgeschmückt wird, macht nachdenklich. Der Blick in die genaue Verwendung des Engel-Motivs in den Weihnachtserzählungen lässt die Frage aufkommen: Wer konnte denn eigentlich in diesen intimsten Momenten die Präsenz der Engel bezeugen? Dass Josef der Engel im Traum erschien, konnte nur er selbst erlebt haben. Und auch er musste das Erfahrene deuten und anderen weitererzählen. Die Verkündigung an Maria ist erneut ein völlig intimes Erleben, das nur in ganz subjektiver Wahrnehmung, Deutung und Erzählung stattfinden konnte. Ist es wirklich plausibel, davon auszugehen, dass Josef und (unabhängig davon) Maria irgendwann später jemand anderem von diesen eigenen Tiefenerfahrungen erzählt haben sollen?

Zumindest denkbar erscheint es, die Rede von Engeln als – wunderbare – Möglichkeit zu verstehen, in *bildlicher Verdichtung* davon zu sprechen, dass Menschen eine tiefe *Gotteserfahrung* zuteilwurde. Schon die zweifach mögliche Erscheinungsweise von Engeln – sei es im Traum, sei es real – verweist auf die Möglichkeit, dass es sich hier um mythologische Sprachbilder handelt. Gott teilt sich den Menschen mit, das ist ihre zentrale Aussage. Und diese Mitteilung braucht eine Form, braucht eine Deutung, braucht eine Gestalt. Was läge näher, als die kulturell für die alttestamentlichen Texte ja durch ältere Kulturen bereits vorgeprägte Gestalt des Engels für diese Tiefenaussage zu übernehmen?

Darf man als Christ an Engel glauben? – Aber ja! *Muss* man als Christ an leibhaftige Engel glauben? Auffällig: In keinem der zentralen christlichen Glaubensbekenntnisse wird ein Bekenntnis zum Engel-Glauben gefordert. Sehr wohl handelt es sich dabei um eine christliche Lehre mit alter Tradition. Aber sie steht nicht im Zentrum des Glaubens. Die Kirche spricht im Blick auf ihre Überzeugungen von einer Hierarchie der Wahrheiten. Der Engel-Glaube steht nicht auf einer höheren Sprosse dieser Hierarchie-Leiter, spielt im normalen kirchlichen Alltag, auch an Weihnachten, keine entscheidende Rolle. Gerade jenseits einer Buchstabengläubigkeit kann man die Rede von den Engeln sehr wohl schätzen. Als urbildhafte Verdichtung des Glaubens daran, dass sich Gott uns Menschen mitteilt. Als Kristallisation der Sehnsucht, dass Gott uns beschützt und in seiner Hand hält. Als Kondensat der Überzeugung, dass Mensch und Gott in einer Beziehung stehen: nicht auf Augenhöhe, nicht mit gleicher Sprache, nicht in gleicher Materie – aber realer, als es alle menschlich beweisbare Wirklichkeit sein könnte.

Das also macht die Weihnachtserzählungen im Blick auf die Engel aus: Gott macht sich im Leben erfahrbar. Für Maria und Josef veränderte sich ihr Leben durch die von ihnen empfangenen, aufgenommenen und gedeuteten Botschaften. Ohne diese englischen Botschaften kein Weihnachten! Diese Erfahrung lässt sich auch auf das heutige Leben übertragen. Ohne die Bereitschaft, ruhig zu werden, aufmerksam zu bleiben, in uns hinein und aus uns heraus zu hören, werden wir keine göttlichen Botschaften vernehmen können. Ohne die Möglichkeit von Meditation und Auseinandersetzung mit Bibel und Tradition werden wir kaum fähig, Erlauschtes deuten und anwenden zu können. Wo und wie sprechen Engel zu uns? Was sind sie, die entscheidenden Engelsbotschaften, die *Angelpunkte* unseres Lebens? Welche Scharniere ermöglichen uns wie einer Tür beides zugleich: festen Halt, Heimat und Identität, zugleich aber auch Beweglichkeit, Dynamik und Bewegung? Die Weihnachtstexte laden dazu ein, sich jedes Jahr neu diesen Herausforderungen zu stellen.

Die drei dunklen Könige

Wolfgang Borchert

Er tappte durch die dunkle Vorstadt. Die Häuser standen abgebrochen gegen den Himmel. Der Mond fehlte, und das Pflaster war erschrocken über den späten Schritt. Dann fand er eine alte Planke. Da trat er mit dem Fuß gegen, bis eine Latte morsch aufseufzte und losbrach. Das Holz roch mürbe und süß. Durch die dunkle Vorstadt tappte er zurück. Sterne waren nicht da.

Als er die Tür aufmachte (sie weinte dabei, die Tür), sahen ihm die blassblauen Augen seiner Frau entgegen. Sie kamen aus einem müden Gesicht. Ihr Atem hing weiß im Zimmer, so kalt war es. Er beugte sein knochiges Knie und brach das Holz. Das Holz seufzte. Dann roch es mürbe und süß ringsum. Er hielt sich ein Stück davon unter die Nase. »Riecht beinahe wie Kuchen«, lachte er leise.

»Nicht«, sagten die Augen der Frau, »nicht lachen. Er schläft.«

Der Mann legte das süße mürbe Holz in den kleinen Blechofen. Da glomm es auf und warf eine Handvoll warmes Licht durch das Zimmer. Die fiel hell auf ein winziges rundes Gesicht und blieb einen Augenblick. Das Gesicht war erst eine Stunde alt, aber es hatte schon alles, was dazugehört: Ohren, Nase, Mund und Augen. Die Augen mussten groß sein, das konnte man sehen, obgleich sie zu waren.

Aber der Mund war offen, und es pustete leise daraus. Nase und Ohren waren rot.

»Er lebt«, dachte die Mutter. Und das kleine Gesicht schlief.

»Da sind noch Haferflocken«, sagte der Mann.

»Ja«, antwortete die Frau, »das ist gut.« Es ist kalt. Der Mann nahm noch von dem süßen weichen Holz. »Nun hat sie ihr Kind gekriegt und muss frieren«, dachte er. Aber er hatte keinen, dem er dafür die Fäuste ins Gesicht schlagen konnte. Als er die Ofentür aufmachte, fiel wieder eine Handvoll Licht über das schlafende Gesicht. Die Frau sagte leise: »Kuck, wie ein Heiligenschein, siehst du?«

»Heiligenschein!«, dachte er, und er hatte keinen, dem er die Fäuste ins Gesicht schlagen konnte. Dann waren welche an der Tür. »Wir sahen das Licht«, sagten sie, »vom Fenster. Wir wollen uns zehn Minuten hinsetzen.«

»Aber wir haben ein Kind«, sagte der Mann zu ihnen. Da sagten sie nichts weiter, aber sie kamen doch ins Zimmer, stießen Nebel aus den Nasen und hoben die Füße hoch. »Wir sind ganz leise«, flüsterten sie und hoben die Füße hoch. Dann fiel das Licht auf sie.

Drei waren es. In drei alten Uniformen. Einer hatte einen Pappkarton, einer einen Sack. Und der Dritte hatte keine Hände. »Erfroren«, sagte er und hielt die Stümpfe hoch. Dann drehte er dem Mann die Manteltasche hin. Tabak war darin und dünnes Papier. Sie drehten Zigaretten. Aber die Frau sagte:

»Nicht, das Kind.« Da gingen die vier vor die Tür, und ihre Zigaretten waren vier Punkte in der Nacht. Der eine hatte dicke umwickelte Füße. Er nahm ein Stück Holz aus seinem Sack.

»Ein Esel«, sagte er, »ich habe sieben Monate daran geschnitzt. Für das Kind.« Das sagte er und gab es dem Mann. »Was ist mit den Füßen?«, fragte der Mann. »Wasser«, sagte der Eselschnitzer, »vom Hunger.«

»Und der andere, der Dritte?«, fragte der Mann und befühlte im Dunkeln den Esel. Der Dritte zitterte in seiner Uniform: »Oh, nichts«, wisperte er, »das sind nur die Nerven. Man hat eben zuviel Angst gehabt.« Dann traten sie die Zigaretten aus und gingen wieder hinein.

Sie hoben die Füße hoch und sahen auf das kleine schlafende Gesicht. Der Zitternde nahm aus seinem Pappkarton zwei gelbe Bonbons und sagte dazu: »Für die Frau sind die.«

Die Frau machte die blassen blauen Augen weit auf, als sie die drei Dunklen über das Kind gebeugt sah. Sie fürchtete sich. Aber da stemmte das Kind seine Beine gegen ihre Brust und schrie so kräftig, dass die drei Dunklen die Füße aufhoben und zur Tür schlichen. Hier nickten sie nochmal, dann stiegen sie in die Nacht hinein. Der Mann sah ihnen nach. »Sonderbare Heilige«, sagte er zu seiner Frau. Dann machte er die Tür zu. »Schöne Heilige sind das«, brummte er und sah nach den Haferflocken. Aber er hatte kein Gesicht für seine Fäuste.

»Aber das Kind hat geschrien«, flüsterte die Frau, »ganz stark hat es geschrien. Da sind sie gegangen. Kuck mal, wie lebendig es ist«, sagte sie stolz. Das Gesicht machte den Mund auf und schrie.

»Weint er?«, fragte der Mann.

»Nein, ich glaube, er lacht«, antwortete die Frau.

»Beinahe wie Kuchen«, sagte der Mann und roch an dem Holz, »wie Kuchen. Ganz süß.«

»Heute ist ja auch Weihnachten«, sagte die Frau.

»Ja, Weihnachten«, brummte er, und vom Ofen her fiel eine Handvoll Licht auf das kleine schlafende Gesicht.

Das unbemalte Jesuskind

Alexander Vorländer

Ich kann mich noch gut an meinen Großvater erinnern, obwohl ich mittlerweile selbst schon Enkelkinder habe. Er war ein stiller, nachdenklicher Mann. Am liebsten war er in seiner kleinen Werkstatt in einem Schuppen hinter dem Haus. Hier reparierte er Möbel und bastelte Spielzeug für uns Kinder. Stundenlang konnte ich ihm bei der Arbeit zusehen. Noch heute habe ich den Geruch nach Holz und Leim und Farbe in der Nase und den Geschmack der Äpfel aus dem Garten im Mund.

Er sprach nicht viel, mein Großvater, aber nie war mir langweilig mit ihm. Ich habe unendlich viel von ihm gelernt, das Meiste davon war mir damals allerdings nicht bewusst. Von der Geduld redete er manchmal und davon, wie kostbar das Leben ist und dass man beides an den Jahresringen eines Baums ablesen kann. Das verstand ich als Kind natürlich nicht, aber wenn ich heute ein Stück Holz betrachte, habe ich wieder seine Worte im Ohr und mache mir bewusst, wie viele Jahre es dauert, bis ein Baum einen so dicken Stamm hat, dass man die Jahresringe zählen kann.

Sorgfältig bei der Arbeit war er, mein Großvater. Jedes Stück, das er bearbeitete, war ihm wichtig. Behutsam feilte und schmirgelte er, und wenn etwas auch nach dem zehnten Arbeitsgang noch nicht passte, legte er es gleichmütig zur Seite und nahm es sich am nächsten Tag zum elften Mal vor.

Seine schönste Arbeit war eine große Weihnachtskrippe. Sie ist überhaupt die schönste Krippe, die ich jemals gesehen habe. Über viele Jahre hat er an ihr gearbeitet und jedes Jahr etwas Neues hinzugefügt.

Im Stall wachten natürlich Maria und Josef über das Jesuskind in der Futterkrippe und hinter einem Verschlag standen Ochs und Esel. Aber da gab es noch viel mehr zu bewundern: Eine Leiter führte auf den Speicher, in dem Heu und Stroh aufgestapelt waren. Das Dach wurde von einem hölzernen Dachstuhl getragen und war mit winzigen Ziegeln gedeckt. Neben dem Verschlag für die Tiere standen Kisten und kleine Fässer, zusammengesetzt aus Dauben und von richtigen Blechreifen zusammengehalten. Eine winzigkleine Katze hockte vor einem noch kleineren Milchschälchen und direkt dahinter hingen Werkzeuge, Heugabel und Rechen an der Wand. Alle Figuren waren geschnitzt und aufs Sorgfältigste bemalt, die Gesichter so lebensecht, dass sie fast lebendig wirkten.

Unweit des Stalls befand sich eine Gastwirtschaft mit Einblick in die Küche, in der kleine Kessel und Töpfe auf einem Herd standen. In der angrenzenden Speisekammer hingen Schinken und Würste von der Decke, in Regalen waren kleine Dosen und Gläser aufgereiht, daneben Korbflaschen, die sicher köstlichen Wein enthielten, und auf dem Küchentisch prangte eine Kuchenform. Ein Koch und zwei Mägde waren mit der Zubereitung von Speisen beschäftigt, auf die die hungrigen Gäste auf der Terrasse offensichtlich warteten. Ein dicker Wirt hatte alles im Blick, besonders einen kleinen Hund, dem wohl der Essensgeruch in die Nase gestiegen war. Im ersten Stock hingen kleine Federbetten aus dem Fenster und aus dem Kamin kräuselte sich eine kleine Watte-Rauchwolke. Alles war mit unglaublicher Genauigkeit und Detailliebe gearbeitet.

Auf der anderen Seite des Stalls befand sich die Schafherde mit den Hirten. Mutterschafe und Lämmer waren zu Gruppen zusammengestellt, im Hintergrund waren die Figuren kleiner, sodass die Perspektive verstärkt war. Gatter und Büsche und Hecken begrenzten die Schafweide. Unweit der Hirten zogen die drei Weisen aus dem Morgenland heran, begleitet von einer ganzen Dienerschar, einem reich bepackten Esel und einem Kamel, dessen Sattel und Zaumzeug aus feinstem Leder gefertigt waren.

Über der Krippe wurde regelmäßig ein glitzernd-golden bemalter Stern mit langem Schweif aufgehängt, daneben der Verkündigungsengel mit schillernden Flügeln, die mich immer an eine Libelle erinnerten. Jedes Jahr in der Woche vor Weihnachten baute mein Großvater die Krippe auf. Manchmal durfte ich dabei helfen und frisches Moos suchen, das als Schafweide diente. Wenn dann alles an seinem Platz stand, lächelte er zufrieden und man sah ihm an, dass er schon überlegte, welche Figur oder welches andere Detail er im nächsten Jahr noch ergänzen könnte.

Ich kann mich noch erinnern, wie wir wieder einmal andächtig vor der Krippe standen, als meine kleine Schwester rief: »Aber Opa, du hast ja vergessen, das Jesuskind anzumalen!« Niemandem war das bisher aufgefallen. Mein Großvater strich meiner Schwester über den Kopf und sagte dann: »Nein, ich habe es nicht vergessen. Weißt du, wir Menschen können zwar viel tun, aber das, worauf es wirklich ankommt, das können wir nicht machen. Deshalb habe ich die wichtigste Figur so gelassen, wie Gott das Holz hat wachsen lassen. Gott hat damals den kleinen Jesus auf die Welt kommen lassen wie uns alle und alle hat er lieb. So wie ich euch.« Bei diesen Worten hatte er Tränen in den Augen.

»O fröhliche Zeit! O seliger Traum!«

Vom Weihnachtsfest

Wie schön geschmückt der festliche Raum!
Die Lichter funkeln am Weihnachtsbaum!
O fröhliche Zeit! O seliger Traum!

Die Mutter sitzt in der Kinder Kreis;
nun schweiget alles auf ihr Geheiß:
Sie singet des Christkinds Lob und Preis.

Und rings, vom Weihnachtsbaum erhellt,
ist schön in Bildern aufgestellt
des heiligen Buches Palmenwelt.

Die Kinder schauen der Bilder Pracht,
und haben wohl des Singens acht,
das tönt so süß in der Weihenacht!

O glücklicher Kreis im festlichen Raum!
O goldne Lichter am Weihnachtsbaum!
O fröhliche Zeit! O seliger Traum!

Peter Cornelius

»Frohe Weihnachten!«

Anselm Grün

Weihnachten ist die Zeit der Wünsche. Wir wünschen einander »Frohe Weihnachten« – und meinen damit etwas ganz anderes und viel mehr als die Dinge, die auf dem Gabentisch oder unter dem Weihnachtsbaum liegen. Wir gratulieren einander zu diesem Fest. Gratulieren kommt vom lateinischen Wort »gratia«, das »Gunst, Dank, Anmut, Gnade« bedeutet. Der Engel hat bei der Geburt Jesu »den Menschen seiner Gnade« (Lk 2,14) Frieden verheißen. Wir wünschen einander, dass wir uns an diesem Fest freuen und dass wir etwas von der Gnade erfahren, die uns in der Geburt Jesu widerfahren ist. In dem Kind in der Krippe ist uns die Anmut, die zärtliche Liebe unseres Gottes erschienen. Das ist Grund genug, sich Frohe Weihnachten zu wünschen. Wir wünschen einander, dass die durch Jesu Geburt geweihte Nacht unsere vielen dunklen Nächte vertreiben und unsere Nächte mit Freude erfüllen möge. In Italien wünscht man sich »buon natale«, ein gutes Geburtsfest. Darin klingt an, dass wir uns nicht nur wegen der Geburt des guten Gottes Glück wünschen, sondern dass wir auch hoffen, unsere eigene Geburt, unsere persönliche Menschwerdung möge gelingen.

Den Menschen zugewandt

Phil Bosmans

Ist dir nach Weihnachten zumute? Bist du auf die Feiertage eingestimmt? Hast du die vielen Lichter gesehen, die vollen Geschäfte, die Menschen, die große Geschenkpakete schleppen? Was wollen sie eigentlich?

Die Menschen suchen Freude, Frieden, aber findet man das auf dem Gabentisch? Weihnachten – nur ein Fest schöner Gefühle? Weihnachten ist das Fest eines Gottes, der sich den armen Menschen zuwendet, den Verlassenen, Ausgestoßenen, Einsamen.

Innere Freude und einen tiefen Frieden werden die Menschen finden, die in der Welt Liebe spürbar machen, die sich ihren Mitmenschen zuwenden, lebendige Menschen mit offenen Armen und mit einem großen Herzen.

Der Zeitbaum

Christa Spilling-Nöker

Es war wenige Tage vor Weihnachten, als sich Julia und Sara auf dem Weihnachtsmarkt trafen. Sie genossen die gemütliche Atmosphäre und sahen sich die farbenfrohen Auslagen und Angebote der einzelnen Buden an. Irgendwann bekamen sie angesichts der herrlichen Düfte Appetit und blieben an einem Bratwurststand stehen, um sich zu stärken. Vom Karussell her tönten Weihnachtslieder und der einsetzende Schneefall tat das Seine, um die beiden so recht in Weihnachtsstimmung zu versetzen.

»Hast du denn schon alle Geschenke beisammen?«, wollte Julia wissen. Sara nickte kauend. »Ich hatte ja gehofft«, erwiderte Julia, »ich würde hier auf dem Weihnachtsmarkt noch etwas entdecken. Ich weiß nämlich beim besten Willen nicht, was ich meiner Patentante zu Weihnachten schenken soll. Hast du da vielleicht eine Idee?« Sara biss kräftig in ihre Bratwurst und lächelte. »Erzähle ich dir gleich, wenn ich heruntergeschluckt habe«, nuschelte sie hinter vorgehaltener Hand. »Ich schenke meiner Oma in diesem Jahr einen Zeitbaum«, lächelte sie geheimnisvoll. »Einen bitte was?«, fragte Julia mit großen Augen zurück. »Weißt du, ich habe mir da Gedanken gemacht, womit ich meiner Oma eine Freude machen könnte. Pralinen sind unmöglich, weil sie zuckerkrank ist. Wein trinkt sie nicht und lesen kann sie mit ihren schlechten Augen kaum noch.« Julia sah sie gespannt an. »Das, was ihr fehlt«, fuhr Sara fort, »ist Gesellschaft. Sie braucht Menschen, die sich Zeit für sie nehmen und sich um sie kümmern.« Julia nickte. »Komm, wir trinken noch einen Glühwein!«, unterbrach sie die Freundin. Sie nippten an dem heißen, würzigen Getränk, dann fuhr Sara fort: »Ich schenke meiner Oma zwölf Zeitgutscheine, einen für jeden Monat. Da steht dann zum Beispiel drauf: Eine gemütliche Kaffeestunde bei mir zu Hause. Natürlich wirst du mit dem Auto abgeholt und gebracht. Oder: Ein gemeinsamer Spaziergang im nahegelegenen Park. Oder: Wir besuchen zusammen ein Konzert deiner Wahl, und so weiter und so fort. Da hat die alte Dame jeden Monat etwas, worauf sie sich freuen kann.« »Eine Superidee«, staunte Julia. »Und da hast du ihr jetzt für all diese Versprechen Zettel geschrieben?« »Nicht einfach nur Zettel«, erwiderte Sara. »Ich habe einen goldfarbenen Karton besorgt und daraus Kärtchen geschnitten und dazu sogar passende goldfarbene Briefumschläge gefunden.« »Wenn du das so erzählst, werde ich ja fast neidisch auf deinen Einfallsreichtum.« Julia nahm noch einen Schluck Glühwein. »Nun habe ich mir überlegt, wie ich die hübschen Briefumschläge schön verpacken kann.« »Und?«, fragte die Freundin gespannt. »Ich bin ins Gartencenter gefahren und habe dort einen kleinen Weihnachtsbaum erstanden. Der hat sogar einen Erdballen, sodass meine Oma ihn im Frühjahr in ihr Gärtchen pflanzen kann«, fügte sie stolz hinzu. »Und jetzt hast du die Briefumschläge an den kleinen Tannenbaum gehängt, wahrscheinlich noch hübsch angebunden mit roten Schleifen?!«, setzte Julia das Gespräch fort. »Richtig!«, lachte Sara. »Dazwischen habe ich noch ein paar rote Kugeln und selbst gebastelte Strohsterne gehängt. Das Ganze sieht so festlich aus, dass ich sicher bin, meiner Oma damit wirklich eine Freude zu machen.« »Das glaube ich allerdings auch«, erwiderte Julia. »Das wäre übrigens genau das richtige Geschenk für meine Patentante. Die klagt immer so viel über das Alleinsein«, fügte sie zögernd hinzu. »Dann übernimm die Idee doch«, lachte Sara. »Ich bin dir nicht böse, im Gegenteil; das Wichtigste ist doch, dass wir etwas finden, womit wir einem Menschen, den wir gernhaben, wirklich eine Freude machen können.« Julia nickte begeistert. »Und jetzt suchen wir gleich ein paar kleine glänzende Kugeln und Glöckchen für deinen Zeitbaum«, lachte Sara. Mit diesen Worten setzen die beiden gut gelaunt ihren Bummel über den Weihnachtsmarkt fort.

Gnade und Barmherzigkeit

Thomas Schwartz

Gnade erkennen wir dann,
wenn Gott uns gute Gaben schenkt,
die wir nicht verdienen.

Barmherzigkeit erkennen wir dann,
wenn Gott uns vor Schlechtem bewahrt,
das wir verdient hätten.

Segen erkennen wir dann
wenn Gott beides,
Gnade und Barmherzigkeit,
in Fülle uns gewährt.

Einsam am Heiligen Abend

Hermann Bang

Jedesmal wenn Weihnachten kommt, muss ich an Herrn Sörensen denken. Er war der erste Mensch in meinem Leben, der ein einsames Weihnachtsfest feierte, und das habe ich nie vergessen können.

Herr Sörensen war mein Lehrer in der ersten Klasse. Er war gut, im Winter bröselte er sein ganzes Frühstücksbrot für die hungrigen Spatzen vor dem Fenster zusammen. Und wenn im Sommer die Schwalben ihre Nester unter den Dachvorsprung klebten, zeigte er uns die Vögel, wie sie mit hellen Schreien hin und her flogen. Aber seine Augen blieben immer betrübt.

Im Städtchen sagten sie, Herr Sörensen sei ein wohlhabender Mann. »Nicht wahr, Herr Sörensen hat Geld?«, fragte ich einmal meine Mutter. »Ja, man sagt's.« – »Ja ... ich hab' ihn einmal weinen sehen, in der Pause, als ich mein Butterbrot holen wollte ...«

»Herr Sörensen ist vielleicht so betrübt, weil er so allein ist«, sagte meine Mutter. »Hat er denn keine Geschwister?«, fragte ich. »Nein – er ist ganz allein auf der Welt ...«

Als dann Weihnachten da war, sandte mich meine Mutter mit Weihnachtsbäckereien zu Herrn Sörensen. Wie gut ich mich daran erinnere. Unser Stubenmädchen ging mit, und wir trugen ein großes

Paket, mit rosa Band gebunden, wie die Mutter stets ihre Weihnachtspäckchen schmückte.

Die Treppe von Herrn Sörensen war schneeweiß gefegt. Ich getraute mich kaum einzutreten, so rein war der weiße Boden. Das Stubenmädchen überbrachte die Grüße meiner Mutter. Ich sah mich um. Ein schmaler hoher Spiegel war da und rings um ihn, in schmalen Rahmen, lauter schwarz geschnittene Profile, wie ich sie nie vorher gesehen hatte.

Herr Sörensen zog mich ins Zimmer hinein und fragte mich, ob ich mich auf Weihnachten freue. Ich nickte. »Und wo wird Ihr Weihnachtsbaum stehen, Herr Sörensen?« – »Ich? Ich habe keinen, ich bleibe zu Hause.«

Und da schlug mir etwas aufs Herz beim Gedanken an Weihnachten in diesem »Zuhause«. – In dieser Stube mit den schwarzen kleinen Bildern, den schweigenden Büchern und dem alten Sofa, auf dem nie ein Mensch saß – ich fühlte das Trostlose, das Verlassene in dieser einsamen Stube, und ich schlug den Arm vors Gesicht und weinte.

Herr Sörensen zog mich auf seine Knie und drückte sein Gesicht an meines. Er sagte leise: »Du bist ein guter, kleiner Bub.« Und ich drückte mich noch fester an ihn und weinte herzzerbrechend.

Als wir heimkamen, erzählte das Stubenmädchen meiner Mutter, ich hätte »gebrüllt«.

Aber ich schüttelte den Kopf und sagte: »Nein, ich habe nicht gebrüllt. Ich habe geweint. Und weißt du, ich habe deshalb geweint, weil nie jemand zu

Herrn Sörensen kommt. Nicht einmal am Heiligen Abend ...«

Später, als wir in eine andere Stadt zogen, verschwand Herr Sörensen aus meinem Leben. Ich hörte nie mehr etwas von ihm. Aber an jenem Tag, als ich an seiner Schulter weinte, fühlte ich, ohne es zu verstehen, zum ersten Male, dass es Menschen gibt, die einsam sind. Und dass es besonders schwer ist, allein und einsam zu sein an Weihnachten.

Wünsche

Anselm Grün

Wünsche halten uns lebendig. Es gibt zwar Menschen, die wunschlos glücklich sind. Aber die Gefahr ist, dass sie sich vorschnell zufrieden geben mit dem, was sie erreicht haben. Wünsche, deren Erfüllung man gar nicht abwarten kann, gehen über das Vordergründige hinaus. Sie zielen auf das wahre Glück, das wir nicht in diesem Leben, sondern erst in der Vollendung erfahren. Manchmal aber müssen wir uns einen Wunsch erfüllen, um zu sehen, dass seine Erfüllung unsere tiefste Sehnsucht nicht stillt. (…)

Fragen wir uns: Was wünschen wir wirklich? Was brauchen wir? Wonach trachten wir, was möchten wir gewinnen? Wenn wir alle unsere Wünsche zulassen, entdecken wir oft, dass wir eigentlich dankbar sein dürfen für das Leben, das Gott uns geschenkt hat. Im Wünschen steckt die Ahnung, wir könnten uns und unsere Welt von Neuem erschaffen. Aber zugleich spüren wir, dass diese Welt, dass unser Leben gar nicht so schlecht ist, wie wir es oft genug darstellen.

Überlege dir, was dein tiefster Wunsch an jeden einzelnen deiner Freunde und Bekannten ist. Dann wird dein Wunsch das Herz der Menschen erreichen. Er wird mehr sein als Ausdruck von Höflichkeit. In ihm drückt sich Deine Liebe aus, die das Leben des andern mit ihren Wünschen und Hoffnungen verzaubern kann.

Enttäuschung

Werner Thissen

Es war in der Halle eines großen Hotels. Mittendrin ein großer wunderbarer Weihnachtsbaum, festlich geschmückt.

Am Fuß des Baumes lagen große und kleine Geschenkkartons, bunt verpackt und mit breiten Bändern verschnürt.

Ein Kind, das sich mit seinen Eltern in der Hotelhalle aufhält, fühlt sich von den Päckchen magisch angezogen. Immer wieder krabbelt es darauf zu. Immer wieder ruft die Mutter es zurück. Aber dann gelingt es ihm doch, ein Päckchen zu schnappen. Doch bevor das Kind das Päckchen aufreißen kann, hat die Mutter es wieder zurückgeholt.

Das spielt sich nicht ohne Schimpfen und nicht ohne Tränen ab. Ein Hotelangestellter eilt hinzu: »Lassen Sie das Kind ruhig ein Päckchen öffnen«, meint er zur Mutter. Gespannt und aufgeregt nestelt das Kind an den Bändern. Das dauert. Endlich kann es den Deckel abheben. Und: Die Schachtel ist nur mit Zeitungspapier gefüllt. Es war nur äußerlich weihnachtlich, innen war nichts Weihnachtliches. Was für eine Enttäuschung.

Weihnachten als Enttäuschung. Enttäuschung ist unvermeidlich, wenn ich Weihnachten nur äußerlich feiere und innen nichts ist. Wenn ich mich der Täuschung hingegeben habe, ich könnte Weihnachtsfreude organisieren. Natürlich machen wir uns zu Weihnachten gegenseitig Freude. Das ist guter Brauch. Aber die entscheidende Weihnachtsfreude kommt nicht von uns. Sie kann nur von Gott kommen. Er will uns beschenken. Beschenken mit sich selbst. Unsere gegenseitigen Geschenke können dafür ein schönes Zeichen sein.

Geschenk des Himmels

Phil Bosmans

Feste sind ein Geschenk des Himmels. Freude ist der Funke, der bei allen Festen überspringen möchte. Wesentlich für alle echten Feste, ihre Grundmelodie, ist der Dank dafür, dass vieles in der Vergangenheit gut gegangen ist, dass wir heute davon leben und darüber froh sein können. Es gibt so viel Grund, zu feiern und dankbar zu sein.

»Solch ein Fest ist uns bescheret«

Vom Essen und vom Trinken

Bäume leuchtend, Bäume blendend,
Überall das Süße spendend.
In dem Glanze sich bewegend,
Alt und junges Herz erregend.

Solch ein Fest ist uns bescheret.
Mancher Gaben Schmuck verehret;
Staunend schaun wir auf und nieder,
Hin und Her und immer wieder.

Johann Wolfgang von Goethe

Das Brot des Friedens

Phil Bosmans

Weihnachten ist notwendig zum Leben, so lebensnotwendig wie das tägliche Brot. Die ganze Welt ist voller Hunger. Leiblicher Hunger kann qualvoll sein. Aber genauso brennend ist der Hunger nach Frieden: Dass alle zerstörerische Gewalt, alle verlogenen und verletzenden Worte aufhören und menschenwürdiges Leben möglich wird. Dass wir Frieden auch mit der Natur machen, dass ein Klima der Wärme, der Freundlichkeit, der Verantwortlichkeit füreinander wächst.

An Weihnachten machen nicht nur wir Geschenke. Gott macht das auch, er macht es uns vor. Er schenkt uns in seinem Sohn, was wir am meisten brauchen: Frieden.

Köstlichkeiten

Gernot Candolini

Die Weihnachtszeit ist mit diversen Köstlichkeiten verbunden. In alter Familientradition wird das Schokoladenbrot gebacken. Dann trifft von den Schwiegereltern der Nürnberger Lebkuchen ein. Wenn der rote Nikolaussack in die Schüssel geleert wird, erinnert mich der Anblick von Äpfeln, Nüssen, Mandarinen und Süßigkeiten immer an die Fülle dessen, was wir haben.

Einer meiner Freunde führt eine Konditorei und er macht eine Vielzahl von Trüffeln selbst. »Zwei von jeder Sorte« ist inzwischen schon der gewohnte Spruch bei meinem Besuch bei ihm am vierten Adventssamstag. Kann es sein, dass eine normale Bratwurst und der Glühwein nur bei einer gewissen Lufttemperatur und wenn sie aus einem Adventsstand herausgereicht werden, so köstlich schmecken?

Am Vormittag des Heiligen Abends ist schon das Einkaufen ein Genuss. Nur einmal im Jahr sind wir Stammgäste in einem besonderen Laden mit italienischen Spezereien. Olivenmischungen, gefüllte Peperoni, eingelegter Fenchel, besondere Fischsalate, gewürzte Öle und jedes Jahr etwas kulinarisch Neues stehen neben den obligaten Schinkenrollen mit Salzstange auf dem Speiseplan für den Heiligen Abend.

Der Familienbraten folgt an den Feiertagen. Dazwischen unzählige Augenblicke zum Naschen von Keksen und Schokolade, zum Nüsseknacken und Dekantieren der besten Weine des Kellers. Weihnachten ist auch ein Fest der Köstlichkeiten, der Gaumenfreuden und der Liebe, die durch den Magen geht.

Und hin und wieder geschieht etwas Besonderes: Wenn sie so alle in der Runde sitzen, die Menschen, mit denen ich das ganze Jahr zusammenarbeite, bei gutem Essen in gehobener Stimmung, gibt es manchmal diesen heiligen Augenblick: Ich sehe sie an und es wird mir ganz warm ums Herz.

Backen

Anselm Grün

Meine Mutter hat immer gerne gebacken. Kuchen gab es zu Festtagen und natürlich in der Weihnachtszeit die Plätzchen. Es roch dann in der Küche so gut, und wir durften als Kinder immer auch vom Teig naschen. In der Familie meiner Mutter war es nämlich verpönt, zu naschen, und deshalb hatte sie sich geschworen, dass sie das als Mutter einmal anders machen möchte. Viele Frauen legen ihre ganze Liebe ins Backen. Sie bereiten den Teig liebevoll zu und beobachten dann, wie der Teig im Backofen langsam aufgeht, bis er die richtige Form und Festigkeit gewonnen hat. Im Backen liegt also die Freude, der Familie eine Freude zu machen. Und in die Süßigkeit der Kuchen oder Plätzchen ist immer auch davon etwas »hineingebacken«. Da kommt immer auch etwas von der Liebe zum Ausdruck, die die Gemeinschaft stärkt und die nicht nur dem Leib, sondern auch der Seele guttut.

Das Backen des Brotes ist nicht nur für die Feiertage, sondern auch für den Alltag. Brot essen ist keine Kunst, aber Brot backen, sagt ein Sprichwort. Brot backen ist etwas Altes und Archaisches. Brotbacken ist eine der wichtigen Fertigkeiten in der Geschichte der Menschen, seit etwa 6000 Jahren schon. Früher wurde Brot auch in Öfen gebacken, die in die Erde gegraben waren – verbunden mit der Vorstellung, dass da die Leben spendende Kraft der Erde wirksam wird. Und wenn noch im vergangenen Jahrhundert die Backöfen in der Mitte eines Dorfes standen und gemeinschaftlich genutzt wurden, war das auch ein Zeichen der Zusammengehörigkeit und der Gemeinschaft.

Auch sonst wird im Vorgang des Backens eine tiefe Symbolik sichtbar. Der hl. Augustinus etwa hat das Backen als Symbol für unser Leben gesehen. Was ist damit gemeint? Wir alle werden in der Hitze des Lebens wie in einem glühenden Ofen gebacken. Der Ofen ist ein Symbol für Wandlungsprozesse. Und der Backofen wurde oft auch als Symbol für den weiblichen Schoß gesehen. Wenn das Brot in den Ofen geschoben wird, ist das ein Symbol für die Rückkehr in den Embryonalzustand. Und die Hitze steht für Tod und Neugeburt. So können wir das Backen als ein Bild für unsere innere Verwandlung verstehen: Was durch die Glut des Lebens und der Liebe an innerer Frucht entsteht, das ist nahrhaft für andere Menschen. Aber wie das Brot müssen wir selber durch die Hitze hindurch, damit wir, so wie der Brotteig zur Nahrung für andere wird, den anderen Mittel zum Leben werden und damit wir mit dem, was in uns gebacken wurde, zum Segen werden für andere.

Tante Martha und die Christbaumkugel

Alexander Vorländer

Alles begann mit einem Plätzchenteller, den Tante Martha bei ihrem ersten Weihnachtsbesuch mitbrachte. Mein Bruder und ich wurden mit Süßigkeiten kurz gehalten. Unser Vater, Gymnasiallehrer für Geografie und Geschichte, hielt als 68-Bewegter viel auf gesunde Ernährung, und Kuchen, Bonbons, Schokolade und »all der Süßkram« waren in seinen Augen des Teufels. Wir waren also wirklich nicht verwöhnt und deshalb stießen Tante Marthas süße Künste bei uns damals auf volle Zustimmung, obwohl Backen nicht gerade zu ihren Talenten zählte.

»Das sind edle Macrons«, erklärte sie uns. Tante Martha war irgendwann in ihrer Jugend einmal mit einem Franzosen liiert gewesen und sie hielt es für vornehm, hin und wieder einen französischen Begriff in die Konversation einzuflechten oder ein vermeintlich französisches Wort auch so auszusprechen. So wurde aus dem Service bei ihr das »Servie« und aus gewöhnlichen Makronen eben »Macrons«. Uns Kindern war das einerlei, denn die Makronen waren zwar steinhart, aber dafür herrlich süß, und zwar nicht honigsüß, sondern richtig schön ungesund zuckersüß.

Die »Macrons« lagen auf einem wild gemusterten Porzellanteller, der an Kitsch kaum zu übertreffen war. Doch Tante Martha sah das anders und ermahnte meine Mutter, als diese den Plätzchenteller zur Seite stellen wollte: »Vorsicht Kind, das gute Servie!«

Tante Martha war keine Schwester unseres Vaters oder unserer Mutter, sondern eigentlich eine Tante zweiten Grades meines Vaters. Irgendwann kam der Gedanke auf, man dürfe die einsame alte Tante – sie war bereits viele Jahre verwitwet – an Weihnachten doch nicht alleine lassen, und so wurden ihre Weihnachtsbesuche zu einer feststehenden Tradition. Ebenso feststehend waren Teile der Konversation. So bemerkte sie regelmäßig, wenn mein Vater die Weihnachtsgans tranchierte: »Also damals bei uns gab es an Weihnachten immer Karpfen!« Worauf mein Vater ebenso regelmäßig zu brummen pflegte: »Wir essen den Karpfen an Silvester!«

Das stimmte zwar nicht, denn solange ich denken kann, gab es bei uns zu Hause an Silvester Raclette, aber das bekam Tante Martha nicht mit. Am »dritten Feiertag«, wie sie den 27. Dezember nannte, bestand sie nämlich darauf, zum Bahnhof gebracht zu werden, den Zug zu nehmen und die Tage bis zum Jahreswechsel »in ihren Gemächern« zu verbringen.

Im nächsten Jahr überraschte uns Tante Martha mit selbst gemachten »Pralines«. Es handelte sich um Schokoladenkugeln, die einen »glaciert« – mit dreifach scharfem S! –, die anderen »natür«. Die glacierten waren in Puderzucker gewälzt, von dem man allerdings nicht mehr viel sah, denn offensichtlich hatte Tante Martha die Pralinenproduktion bereits im Oktober erledigt, worauf auch der leicht bläuliche Schimmer der Schokokugeln hindeutete. Die Pralines lagen in einer Sauciere, ebenso schrecklich gemustert wie der Plätzchenteller.

Jahr für Jahr brachte Tante Martha zu Weihnachten selbst gemachte Süßigkeiten mit, deren Attraktivität für uns Kinder jedoch immer mehr abnahm, denn mal waren die Plätzchen steinhart, mal halb verbrannt, und obwohl sie uns versicherte, im Orient esse man das so, waren die von ihr fabrizierten Ingwerstangen einfach ungenießbar, so sehr nach Seife schmeckten sie.

»Da hat wohl ein türkischer Galan das Rezept beigesteuert«, lästerte mein Vater hinter vorgehaltener Hand. Ohnehin erfreute sich Selbstgebackenes bei uns Kindern immer geringerer Beliebtheit. Mein Vater hatte im Kampf gegen den »Süßkram« schließlich kapituliert und so landeten Tante Marthas Süßigkeiten nach Lebkuchen und Dominosteinen nur noch auf den hinteren Plätzen. Und dennoch gehörten Tante Marthas Besuche und ihre Plätzchen ebenso zu Weihnachten wie der Christbaum. Immer verkürzte sie uns die Zeit bis zur Bescherung mit spannenden Weihnachtsgeschichten, in denen neben dem Nikolaus und dem Christkind mitunter auch allerlei unheimliche Geisterwesen vorkamen. Oder sie erzählte uns von Weihnachtsfesten, die sie als Kind gefeiert hatte. Mir wurde immer ganz heimelig, wenn sie schilderte, wie sie zusammen mit ihren Geschwistern und ihren Eltern im bitterkalten

Winter in der Stube gesessen und Bratäpfel gegessen hatte.

Tante Martha war eine gute Geschichtenerzählerin und dass die eine oder andere vermeintlich französische Vokabel Verwendung fand, störte uns Kinder überhaupt nicht. Auch für Tante Marthas Hang zum Kitsch hatten wir damals noch kein Gespür.

So dachten wir uns nichts dabei, dass Tante Marthas Backwerke Jahr für Jahr auf einem Teller, einer Platte, in einer Schüssel oder Tasse mit dem stets gleichen, kitschigen Dekor lagen. Und Jahr für Jahr ermahnte Tante Martha meine Mutter: »Vorsicht Kind, das gute Servie!« Erst bei ihrem letzten Weihnachtsbesuch – sie war inzwischen 86 – erfuhren wir, was es mit dem kostbaren »Servie« auf sich hatte. Sie war schon sehr krank und zum ersten Mal brachte sie keine Süßigkeiten mit, sondern eine Christbaumkugel – im selben Dekor wie das »Servie«. Im vorigen Jahrhundert hatte es tatsächlich zum Essgeschirr passenden Christbaumschmuck gegeben. All die Jahre hatte Tante Martha in einem Antiquariat etwas von dem zur Christbaumkugel passenden Service gekauft und sich jedes Teil von ihrer knappen Rente abgespart, weil sie uns etwas schenken wollte, das ihr besonders kostbar war. Nur die Christbaumkugel war nicht gekauft, sie war das Einzige, was ihr als Erinnerung an ihre Eltern geblieben war. Alles andere war bei einem Bombenangriff im Krieg verloren gegangen. »In Zukunft soll die Kugel bei euch sein«, sagte sie und dabei lag ein wehmütiges Lächeln auf ihren Lippen, das ich bis heute nicht vergessen habe. Kurz nach Weihnachten ist Tante Martha gestorben.

Das ist jetzt viele Jahre her, ich habe inzwischen selbst eine Tochter. Aber Tante Martha ist immer dabei, wenn wir an Weihnachten meine Eltern besuchen. Die Christbaumkugel hat einen Ehrenplatz am Weihnachtsbaum und mein Bruder zitiert regelmäßig: »Also damals bei uns gab es an Weihnachten immer Karpfen!«

Der allererste Plätzchenteller befindet sich mittlerweile in meinem Besitz und neulich, als meine Tochter in der Küche Geschirrverkäuferin spielte, ertappte ich mich bei den Worten: »Vorsicht Kind, das gute Servie!«

Gottes Traum

Phil Bosmans

Das Brot, das du zu essen gibst, wird dich satt machen. Die Schmerzen, die du linderst, werden dich heilen. Das Glück, das du teilst, wird dich glücklich machen. Die Freude, die du schenkst, wird dich mit Freude erfüllen.

Weihnachten heißt: Gottes Traum wird Wirklichkeit. Gottes unglaubliche Liebe bekommt Hand und Fuß in Jesus von Nazareth. Weihnachten ist sein Geburtstag auf Erden.

»Wir wollen hoffen und vertraun«

Vom Beginn des neuen Jahres

Ein neues Jahr nimmt seinen Lauf.
Die junge Sonne steigt herauf.
Bald schmilzt der Schnee, bald taut das Eis.
Bald schwillt die Knospe schon am Reis.
Bald werden die Wiesen voll Blumen sein,
die Äcker voll Korn, die Hügel voll Wein.
Und Gott, der ewig mit uns war,
behüt' uns auch im neuen Jahr.
Und ob wir nicht bis morgen schaun,
wir wollen hoffen und vertraun.

Volksgut

Loslassen

Notker Wolf

Loslassen und Immer-wieder-neu-aufbrechen-Können ist eine Lebenskunst, die eine entscheidende Voraussetzung für eine nachhaltige, freiheitliche Lebensweise ist. Loslassen-Können von der Gier nach Geld und Besitz, von der steten Durchsetzung seines eigenen Willens, von der Hartnäckigkeit, dem Geltungsstreben, all das befreit uns für eine menschlichere Zukunft. Das Wort Jesu an seine Jünger: »Nehmt nichts mit auf den Weg, keinen Wanderstab und keine Vorratstasche, kein Brot, kein Geld und kein zweites Hemd« (Lukas 9,3) gilt nicht für uns. Aber es könnte uns anregen, die vielen aufgehäuften Dinge in unseren Wohnungen einmal mit Abstand zu betrachten. Wer einen Pilgerweg gegangen ist, hat unter anderem die befreiende Wirkung erfahren, mit wie wenig Ballast wir auskommen können, wie wenig wir zum Leben brauchen. Das geflügelte Wort Jesu »Eher geht ein Kamel durchs Nadelöhr, als dass ein Reicher in das Reich Gottes kommt« bleibt gerade heute eine Herausforderung. Mit Reichtum kann viel Gutes geschehen, wenn wir fähig werden, auf Distanz zu unserer Habgier zu gehen. Nur so erwächst allen, die loslassen wollen und können, das Geschenk der Gelassenheit. Nicht mehr von fremdbestimmten Zwängen getrieben sein, von den permanenten Einflüssen der Werbung, von der Gier, immer mehr Vermögen anzuhäufen, mehr als wir zum Leben benötigen: Das ist die Freiheit, die gelassen macht.

Fünf vor Zwölf

Werner Thissen

Das Jahr ist alt. Ich bin auch alt, denken Sie jetzt vielleicht.

Warum kommen sich heute manchmal schon Dreißigjährige alt vor? Weil sie spüren, dass schon sie mit dem Jugendlichkeitskult nicht mehr mithalten können? Dass sie so sportlich, so schlank, so cool gar nicht sind? Weil sie wahrnehmen, dass auch schon bei ihnen die Vergangenheit wächst und die Zukunft schrumpft? Altwerden will jeder. Alt sein will keiner. Kann mir das alte Jahr vermitteln, was es mit meinem Alter auf sich hat?

Heute ist das Jahr noch alt. Bald ist es wieder neu. Das könnte mir auch gefallen. Heute noch alt, egal ob dreißig, fünfzig oder achtzig Jahre alt, und bald wieder neu und jung wie das neue Jahr.

Ich denke an das Gemälde vom Jungbrunnen. Auf der einen Seite steigen alte, gebeugte Menschen mühsam Schritt für Schritt ins Wasser. Auf der anderen Seite hüpfen sie jung und frisch wieder heraus. Wenn diese Jahreswende solch ein Jungbrunnen sein könnte!

Aber wenn aus dem alten Jahr ein neues geworden ist, werde ich nicht jünger sein als heute, sondern älter. Und die anderen Jungbrunnen taugen wenig. All die vielen Verjüngungsmittel helfen vor allem dem, der sie verkauft. Muss ich also vor meinem Älterwerden kapitulieren bis zum bitteren Ende?

Der Jahreswechsel zeigt mir: Zeit ist immer Endzeit. Wenn nicht Ende eines Jahres, denn Ende eines Tages oder Ende einer Stunde. »Was du auch anfängst, es ist der Anfang vom Ende«, heißt es in einem Gedicht von Robert Gernhardt.

Zeit ist Endzeit. Es ist immer fünf Minuten vor Zwölf, weil mein Leben täglich zu Ende gehen kann. Täglich gehen Menschen morgens aus dem Haus, ohne zu wissen, dass es ihr letzter Tag ist.

Es ist immer fünf Minuten vor Zwölf. Das macht das Leben so spannend, kostbar und reizvoll, nicht nur wenn wir die letzten Stunden des alten Jahres feiern. Es ist immer fünf Minuten vor Zwölf. Das gilt für jeden Menschen.

Für den, der mit Jesus Christus lebt, ist es aber zugleich auch schon fünf Minuten nach Zwölf. Der alte Mensch und die alte Zeit sind noch da, mit allen Fragen und Bedrängnissen. Aber der neue Mensch und die neue Zeit sind auch schon da, mit aller Zuversicht und Freude.

Denn wer mit Christus lebt, der ist neue Schöpfung (2 Kor 5,17), heißt es in der Bibel. Wer mit Christus lebt, für den ist Gemeinschaft mit Gott, mit seiner nie endenden Lebensfülle, nicht nur Zukunft, sondern schon Gegenwart.

Je bewusster ich wahrnehme, dass es fünf Minuten vor Zwölf für mich ist, desto mehr kann ich ein Gespür dafür bekommen, dass es auch bereits fünf Minuten nach Zwölf ist. Dass Jesus Christus die entscheidende Zeitenwende bereits heraufgeführt hat in seinem Tod und seiner Auferstehung. Wenn ich mit ihm lebe, habe ich Anteil daran, bin ich neue Schöpfung.

Mit Christus leben, wie geht das? Der Kontakt zu Jesus Christus ist vergleichbar mit jeder anderen Kontaktnahme: Mit ihm reden, also Gebet. Auf ihn hören, also Umgang mit seinem Wort, das mir in der Bibel angeboten wird. Dort sein, wo er ist, also Gottesdienst und Hinwendung zum Nächsten. Bei ihm verweilen, also Stille, Besinnung.

Der Kontakt zu Jesus Christus ändert für mich nichts daran, dass es in meinem Leben fünf vor Zwölf ist. Aber mit ihm ist es zugleich auch schon fünf nach Zwölf. Das Alte verliert nicht an Bedrohlichkeit, aber das Neue wirft schon helles Licht auf meinen Weg.

Zum neuen Jahr

Thomas Schwartz

Möget ihr den Anfang des neuen Jahres
nicht allein erwarten müssen.
Sitzt vielmehr zusammen in Eintracht
mit Menschen, die für euch wichtig
und angenehm sind.

Hört zusammen auf die Zeit,
die zwar verrinnt,
aber ohne die ihr nicht da wäret.

Mögen Feuerfunkensterne
euch nicht nur das neue Jahr begrüßen,
sondern euch zugleich den Weg anzeigen,
der euch in diesem Jahr gewiesen ist.

Jahresanfang

Gernot Candolini

Aufgerichtet, vertikal, vom Boden zum Himmel, von oben nach unten. Ausgestreckt, horizontal, ausgebreitet links und rechts. Wie ein Kreuz steht der Mensch im Leben. Oben ist der Kopf, der Geist, das Denken. Unten sind die Füße, die Erde, die Bodenständigkeit. Ich wünsche mir, beides gut verbinden zu können. Oben wie Unten, Geist wie Körper, Denken wie Fühlen – beides möge gut harmonieren, beides möge da sein, beides möge mich leiten.

Links ist das Herz, die Zuneigung, die Fürsorge. Rechts ist das Tun, das Handeln, die Rechtschaffenheit, die Ordnung. Ich möchte mit beiden Händen etwas Beherztes und Vernünftiges tun. Oben und unten, links und rechts, mit guten Gedanken, vertrauensvollem Glauben und mit beiden Beinen im Leben stehend und mit Herz und Verstand, mit Aktion und Kontemplation, mit Gebet und Arbeit möchte ich das neue Jahr leben. Mögen Himmel und Erde, Herz und Tat gut einbezogen sein in meine Entscheidungen, in mein Denken und Wollen, in mein Handeln, Fühlen und Lieben.

So gehe ich mit diesem Segensspruch in das neue Jahr: »Schenke mir einen klaren Kopf und einen guten Stand. Schenke mir ein offenes Herz und rechtes Handeln. Schenke mir Aufrichtigkeit und Balance, gute Schritte und einen weiten Horizont.«

Frieden

Teresa Zukic

Wenn wir lieben und geliebt werden, werden wir großzügig und beginnen bewusster zu leben. Wir wollen eins sein mit Gott, der Natur und dem Menschen, mit allen Geschöpfen. Wir sehnen uns nach Gerechtigkeit, Freiheit und Frieden für alle Menschen auf der Welt. Ja, Frieden.

Laut Wikipedia kommt das Wort »Frieden« aus dem alt-hochdeutschen *fridu* und meint »Schonung, Freundschaft« und beschreibt einen heilsamen Zustand der Stille und Ruhe und die Abwesenheit von Störung, Beunruhigung oder Krieg.

Aber noch besser gefällt mir das biblische und hebräische Wort für Frieden, das Schalom. In seiner Urbedeutung meint es »Vervollständigung«. Wo Schalom ist, »finden sich nicht nur Sicherheit und Ruhe, sondern auch Gesundheit und Freude«, meint der Rabbiner Tom Kucera. Deshalb wird im Hebräischen, wenn man sich nach dem Wohlbefinden der anderen Person erkundigt, eigentlich, wortwörtlich übersetzt, gefragt: »Was ist Dein Schalom?« Wir wünschen dem Anderen das, was für ihn wertvoll ist. Was ist für Dich das Wertvollste? Schalom ist mehr als Friede. Es ist Zufriedenheit, aber nicht in ihrer Erfüllung, sondern auf dem langen Weg dahin.

Gesegnet weitergehen

Pierre Stutz

Gesegnet sei dein Weg
Monat für Monat
mit all seinen klaren Spuren
und all seinen Verunsicherungen
Gesegnet seien deine Schritte
Woche für Woche
mit all ihrer Lebenskraft
und all ihrer Zerbrechlichkeit
Gesegnet sei dein Mitsein
Tag für Tag
in all deinen Lebensvollzügen
und all deinen Begegnungen
Gesegnet sei dein Dasein
Stunde für Stunde
in all deinem engagierten Wirken
und im lebensnotwendigen Innehalten
Gesegnet sei dein Jahr
in jedem Augenblick

Anhang

Quellenverzeichnis

Alle Quellentexte sind, soweit nicht anders vermerkt, im Verlag Herder, Freiburg im Breisgau, erschienen. © Verlag Herder GmbH, Freiburg im Breisgau

Phil Bosmans, Lichtblicke. Ein gutes Wort für jeden Tag, 2017

Hubertus Brantzen, Hinter Türen schauen und staunen. Das Adventskalenderbuch, 2015

Gernot Candolini, Weihnachten im Herzen, 2016

Papst Franziskus, Lasst euch die Hoffnung nicht nehmen. Jahreslesebuch, 2017

Guido Fuchs, Unsere Advents- und Weihnachtslieder. Geschichte und Geschichten, 2015

Guido Fuchs, Unsere Weihnachtslieder und ihre Geschichte, 2018

Anselm Grün, Das Buch der Rituale. Jeden Tag erfüllter leben, 2016

Anselm Grün, Einfach leben. Der Adventsbegleiter. Hg. v. Anselm Gün und Rudolf Walter, 2016

Anselm Grün, Frohe Weihnachten mit Anselm Grün, 2016

Anselm Grün, Staunen – Die Wunder im Alltag entdecken, 2018

Im Licht der Stille. Der spirituelle Adventskalender, 2018

Georg Langenhorst, Als ein Kind bist du gekommen. Die Weihnachtsbotschaft neu entdeckt, 2016
Anthony de Mello, Weise Weihnachten, 2012
Ute Elisabeth Mordhorst, Vom Schneemann, der nicht tauen wollte. Besondere Weihnachtsgeschichten, 2015
Susanne Niemeyer, Das Weihnachtsschaf. 24 wunderbare Geschichten, 2016
Thomas Schwartz, Segen voller Leben. Gute Worte für alle Tage, 2017
Andrea Schwarz, Gib dem Engel eine Chance. Gedanken und Geschichten zu Weihnachten, 2013
Christa Spilling-Nöker, Weihnachtsglanz erhellt dein Herz, 2017
Werner Thissen, Für uns Mensch geworden. Advents- und Weihnachtsmeditationen, 2016
Unsere schönsten Weihnachtsgeschichten zum Vorlesen, 2018
Alexander Vorländer, Tante Martha und die Christbaumkugel. Neue Weihnachtsgeschichten, 2018
Notker Wolf, Mitten im Leben wird Gott geboren. 24 Impulse zur Weihnachtszeit, 2017

Textnachweise

S. 15: Brantzen, Hinter Türen schauen und staunen, 16–18
S. 18: Mordhorst, Vom Schneemann, der nicht tauen wollte, 7–11
S. 24: Grün, Einfach leben. Der Adventsbegleiter, 86 f.
S. 26: Spilling-Nöker, Weihnachtsglanz erhellt dein Herz, 10–15
S. 30: Schwarz, Gib dem Engel eine Chance, 47 f.
S. 32: Aus: Fuchs, Unsere Advents- und Weihnachtslieder, 129
S. 33: Grün, Einfach leben. Der Adventsbegleiter, 147 f.
S. 35: Aus: Im Licht der Stille, 21. Dezember
S. 36: Thissen, Für uns Mensch geworden, 42–44
S. 39: Candolini, Weihnachten im Herzen, 8 f.
S. 40: De Mello, Weise Weihnachten, 56 f.
S. 42: Grün, Einfach leben. Der Adventsbegleiter, 155
S. 44: Aus: Fuchs, Unsere Weihnachtslieder und ihre Geschichte, 72
S. 45: Papst Franziskus, »Lasst euch die Hoffnung nicht nehmen!«, 362
S. 46: Aus: Fuchs, Unsere Weihnachtslieder und ihre Geschichte, 58
S. 47: Fuchs, Unsere Weihnachtslieder und ihre Geschichte, 61–63
S. 50: Niemeyer; Das Weihnachtsschaf, 165–167
S. 52: Grün, Frohe Weihnachten, 15–18
S. 54: Aus: Unsere schönsten Weihnachtsgeschichten zum Vorlesen, 140 f.

S. 59: Wolf, Mitten im Leben, 15–17
S. 61: Grün, Frohe Weihnachten, 15–18
S. 63: Brantzen, Hinter Türen schauen und staunen, 154–156
S. 66: Lukasevangelium 2, 1–20
S. 68: Langenhorst, Als ein Kind bist du gekommen, 110–112
S. 71: Aus: Unsere schönsten Weihnachtsgeschichten zum Vorlesen, 210–212
S. 75: Vorländer, Tante Martha, 61–65
S. 80: Aus: Fuchs, Unsere Weihnachtslieder und ihre Geschichte, 130
S. 81: Grün, Das Buch der Rituale, 212 f.
S. 82: Bosmans, Lichtblicke, 192
S. 83: Spilling-Nöker, Weihnachtsglanz erhellt dein Herz, 49–53
S. 86: Schwartz, Segen voller Leben, 35
S. 87: Aus: Unsere schönsten Weihnachtsgeschichten zum Vorlesen, 190–192
S. 90: Grün, Einfach leben. Der Adventsbegleiter, 102 f.
S. 91: Thissen, Für uns Mensch geworden, 45 f.
S. 92: Bosmans, Lichtblicke, 201
S. 95: Bosmans, Lichtblicke, 197
S. 95: Candolini, Weihnachten im Herzen, 16 f.
S. 97: Grün, Staunen, 115 f.
S. 99: Vorländer, Tante Martha, 28–34
S. 103: Bosmans, Lichtblicke, 197
S. 107: Aus: Im Licht der Stille, 2. Dezember
S. 108: Thissen, Für uns Mensch geworden, 85–88
S. 111: Schwartz, Segen voller Leben, 96
S. 112: Candolini, Weihnachten im Herzen, 62 f.
S. 113: Aus: Im Licht der Stille, 23. Dezember
S. 114: Aus: Im Licht der Stille

Verzeichnis der Autorinnen und Autoren

Hermann Bang, 1857–1912, dänischer Journalist und Schriftsteller.

Wolfgang Borchert, 1921–1947, bedeutender Schriftsteller und Dramatiker der Nachkriegszeit.

Phil Bosmans, 1922–2012, flämischer Ordensmann, erreichte durch seine Bücher weltweit Millionen von Leserinnen und Lesern für seine »Botschaft des Herzens«. Er gründete den »Bund ohne Namen«, der sich in vielen Ländern menschlich und sozial engagiert. Seine Werke erscheinen auf Deutsch im Verlag Herder. Zuletzt: »Lichtblicke. Ein gutes Wort für jeden Tag« (2017). Im Internet: www.phil-bosmans.de

Hubertus Brantzen, geb. 1949, Dr. theol., em. Professor für Pastoraltheologie in Mainz, zahlreiche Veröffentlichungen zu spirituellen Themen sowie zu Ehe und Familie. Zuletzt bei Herder: »›Füllt die Krüge‹. Gottesdienste zu biblischen Symbolen« (2017).

Gernot Candolini, geboren 1959, ist studierter Biologe. Er lebt als Lehrer, Fotograf, Autor und Designer von Labyrinthen und Gärten in Innsbruck. Seit 1992 beschäftigt er sich mit dem Thema Labyrinth und veröffentlichte zahlreiche erfolgreiche Bücher. Zuletzt bei

Herder: »Segenswünsche. Worte, die Kraft schenken« (2017).

Peter Cornelius, 1824–1874, deutscher Komponist und Dichter.

Theodor Fontane, 1819–1898, deutscher Schriftsteller und Dichter.

Papst Franziskus: Jorge Mario Bergoglio, geb. 1936, seit dem 13. März 2013 Bischof von Rom. Der argentinische Jesuit ist Sohn einer siebenköpfigen Familie italienischer Auswanderer, 1973 bis 1979 Provinzial der argentinischen Jesuiten. Von 1998 bis 2013 Erzbischof von Buenos Aires. Zuletzt bei Herder: »Freut euch und jubelt. Apostolisches Schreiben ›Gaudete et exsultate‹ über den Ruf zur Heiligkeit in der Welt von heute« (2018).

Guido Fuchs, Dr. theol., Professor für Liturgiewissenschaft an der Universität Würzburg, Leiter des Instituts für Liturgie- und Alltagskultur in Hildesheim (www.liturgieundalltag.de). Zahlreiche Veröffentlichungen zur Theologie und Praxis der Liturgie und ihre Beziehungen zur Alltagskultur. Zuletzt bei Herder: »Unsere Weihnachtslieder und ihre Geschichte« (2018).

Johann Wolfgang von Goethe, 1749–1832, einer der bedeutendsten Dichter deutscher Sprache.

Anselm Grün, geb. 1945, Dr. theol., Benediktiner und Verwalter der Abtei Münsterschwarzach; geistlicher Berater, Begleiter und weltweit populärster christlicher

Autor unserer Tage. Seine Bücher zur Spiritualität und Lebenskunst haben Millionenauflagen erreicht. Zuletzt bei Herder u. a.: »Geistliche Begleitung im Alter. Übungen und Rituale« (2018). Im Internet: www.einfachleben-brief.de

Jochen Klepper, 1903–1942, deutscher Journalist, Schriftsteller.

Georg Langenhorst, geb. 1962, Dr. theol., Inhaber der Lehrstuhls für Didaktik des Katholischen Religionsunterrichts und Religionspädagogik an der Katholisch-Theologischen Fakultät der Universität Augsburg; viel gefragter Referent in der Erwachsenenbildung; Autor zahlreicher Bücher, vor allem im Grenzbereich von Theologie und Literatur. Zuletzt bei Herder: »Auferweckt ins Leben. Die Osterbotschaft neu entdeckt« (2018).

Martin Luther 1483–1546, Augustinermönch, Theologieprofessor, Reformator und Bibelübersetzer.

Anthony de Mello, 1931–1987, geb. in Mumbai (Bombay), studierte nach seinem Eintritt in den Jesuitenorden Philosophie, Theologie und Psychologie in Barcelona, Poona, Chicago und Rom. Bis zu seinem Tod leitete er ein Beratungs- und Ausbildungszentrum in Lonavla in Indien. Er gilt als einer der meistgeschätzten Weisheitslehrer unserer Zeit. Zuletzt bei Herder: »Gott suchen in allen Dingen. Die Spiritualität des Ignatius von Loyola. Ein Schlüssel zu den Exerzitien« (2018).

Ute Elisabeth Mordhorst, geb. 1957, ist gelernte Wirtschaftsdolmetscherin, Texterin und Werbeberaterin. Seit 2001 veröffentlicht sie in den Bereichen Spiritualität und Kinderbuch. Die Autorin lebt und arbeitet in Hamburg. Zuletzt bei Herder: »Damit der Funke überspringt. Impulse und Kurzmeditationen zu den Evangelien aller Sonn- und Feiertage« (2017).

Susanne Niemeyer, geboren 1972, langjährige Redakteurin bei Andere Zeiten, Kolumnistin, Bloggerin (www.freudenwort.de), lebt und schreibt in Hamburg. Zuletzt bei Herder: »100 Experimente mit Gott. Von Abenteuer bis Zuversicht« (2017).

Thomas Schwartz, Prof. Dr., geb. 1964, studierte Theologie und Philosophie in Münster, Augsburg und Rom. Schwartz lehrt Wirtschafts- und Unternehmensethik an der Universität Augsburg und ist Pfarrer in Mering. Er ist bekannt aus mehreren TV-Sendungen und gefragter Redner. Zuletzt bei Herder: »Segen voller Leben. Gute Worte für alle Tage« (2017).

Andrea Schwarz, geboren 1955, ausgebildete Industriekauffrau und Sozialpädagogin. Heute als gefragte Referentin, Trainerin und Bibliolog-Ausbilderin tätig. Zahlreiche, sehr erfolgreiche Veröffentlichungen im Verlag Herder. Zuletzt: »Eigentlich ist Ostern ganz anders. Hoffnungstexte« (2018).

Christa Spilling-Nöker, geb. in Hamburg, Dr. phil., Pfarrerin mit pädagogischer und tiefenpsychologischer

Ausbildung. Zahlreiche Veröffentlichungen. Zuletzt bei Herder: »Weihnachtsglanz erhellt dein Herz« (2017).

Pierre Stutz, Theologe, spiritueller Begleiter, Autor vieler erfolgreicher Bücher zu einer Spiritualität im Alltag, langjährige Erfahrung in Jugendseelsorge und Erwachsenenbildung, Ausbildung im Sozialtherapeutischen Rollenspiel, rege Kurs- und Vortragstätigkeit im ganzen deutschsprachigen Raum, lebt in Lausanne. Zuletzt bei Herder: »Ein Stück vom Himmel. Mit 7 Schritten zu mehr Lebensfreude« (2017). Im Internet: www.pierre-stutz.ch.

Werner Thissen, Dr. theol., geb. 1938, ist emeritierter Erzbischof von Hamburg und ehemaliger Metropolit der Norddeutschen Kirchenprovinz. Zuletzt bei Herder: »Für uns Mensch geworden. Advents- und Weihnachtsmeditationen« (2016).

Leo Tolstoi, 1828–1910, russischer Schriftsteller, dessen Romane zu den bedeutendsten der Weltliteratur zählen.

Alexander Vorländer, geboren 1969, ist Theologe. Seine Liebe zum Schreiben hat er erst spät entdeckt. Zuletzt bei Herder: »Tante Martha und die Christbaumkugel. Neue Weihnachtsgeschichten« (2018).

Notker Wolf, Dr. phil., seit 1961 Mönch der Benediktinerabtei St. Ottilien, 1977 zum Erzabt gewählt, von 2000 bis 2016 Abtprimas der Benediktiner mit Sitz in Rom. Zuletzt bei Herder: »Schluss mit der Angst« (2017).

Schwester Teresa Zukic ist Mitbegründerin der »Kleinen Kommunität der Geschwister Jesu« und eine der bekanntesten Ordensschwestern Deutschlands. Ihre Autobiographie war ein Bestseller, heute ist sie gefragte Rednerin mit über hundert Auftritten im Jahr. Zuletzt bei Herder: »Die Seele braucht mehr als Pflaster. Worte, die heilen« (2017).

MIX
Papier aus verantwortungsvollen Quellen
FSC® C014496
www.fsc.org

www.herder.de

Umschlaggestaltung: Christina Kölsch
Umschlagmotiv: © Skorik Ekaterina/shutterstock.com
Vignetten im Innenteil: © Yuliya Derbisheva/iStockphoto.com
Satz: SatzWeise, Bad Wünnenberg

Herstellung: GGP Media GmbH, Pößneck
Printed in Germany

ISBN 978-3-451-38165-2